BANGES UNTERRICHTSHILFEN

Bernd Matzkowski / Ernst Sott

Basisinterpretationen für den Literatur- und Deutschunterricht der Sekundarstufen Band IV

zu 36 modernen deutschen Kurzgeschichten mit Arbeitsfragen

C. Bange Verlag — Hollfeld

Der Verlag dankt Herrn Dr. Martin H. Ludwig
für die freundliche Unterstützung bei der Herausgabe.

ISBN 3-8044-0599-1

Druck: Heinz Neubert GmbH, 8580 Bayreuth, Schloßberglein 2

Inhaltsverzeichnis

Teil A:

Anmerkungen zur Geschichte und Theorie der Kurzgeschichte 7

Teil B:

Arbeitsfragen und Interpretationen zu den folgenden Kurzgeschichten: . 19

Ilse Aichinger: Das Fenster-Theater 19
Peter Bichsel: San Salvador 21
Heinrich Böll: Es wird etwas geschehen 24
Wolfgang Borchert: Das Brot 26
Rainer Brambach: Känsterle 27
Günter Grass: Die Linkshänder 29
Marie Luise Kaschnitz: Eisbären 31
Günter Kunert: Lieferung frei Haus 34
Kurt Kusenberg: Herr G. steigt aus 36
Siegfried Lenz: Der große Wildenberg 38
Christoph Meckel: Die Vampire 40
Christa Reinig: Skorpion 42
Wolfdietrich Schnurre: Auf der Flucht 44
Günter Seuren: Das Experiment 46
Oliver Storz: Lokaltermin 47
Martin Walser: Die Klagen über meine Methoden häufen sich 50
Herbert Eisenreich: Am Ziel 52
Ernst Schnabel: Hundert Stunden vor Bangkok 56
Bertolt Brecht: Vier Männer und ein Pokerspiel 59
Marie Luise Kaschnitz: Die Reise nach Jerusalem 62
Ilse Aichinger: Das Plakat 65
Paul Hühnerfeld: Geschlossene Gesellschaft 68
Hans Bender: Fondue oder der Freitisch 70
Friedo Lampe: Die Alexanderschlacht 72
Heinz Huber: Die neue Wohnung 74
Martin Walser: Die Rückkehr eines Sammlers 78
Walter Jens: Bericht über Hattington 80
Heinrich Böll: Mein trauriges Gesicht 82
Elisabeth Langgässer: Die getreue Antigone 84
Hans Bender: Schafsblut 86
Wolfgang Weyrauch: Das Ende von Frankfurt am Main 88
Bertolt Brecht: Die Bestie 90

Karl August Horst: Stummes Glockenspiel 92
Alfred Andersch: Blaue Rosen 94
Robert Musil: Der Riese Agoag 96
Wolfgang Hildesheimer: Der Urlaub 98

Teil C:

Kleines Glossar literarischer Begriffe 101
Literaturhinweise 106

Vorwort

Die in diesem Bändchen zusammengefaßten Interpretationen sind nicht nach thematischen oder historischen Gesichtspunkten ausgesucht; vielmehr waren unterrichtspraktische Erwägungen ausschlaggebend. Bisher zeichneten sich Sammlungen von Kurzgeschichteninterpretationen oft dadurch aus, daß der Benutzer (Unterrichtender und Lernender) gezwungen war, sich nach dem Interpretationsbändchen die interpretierten Texte zusammenzustellen bzw. aus verschiedenen Anthologien zusammenzusuchen. Der pragmatische Gedanke, dem Benutzer diese Mühe zu ersparen, hat uns dazu veranlaßt, für die Interpretationen von den Textsammlungen selbst auszugehen, so daß wir mit diesen 36 Interpretationen bzw. Interpretationshilfen zwei für die Arbeit in der Oberstufe zusammengestellte Anthologien komplett abdecken. Dies ist nun nicht so zu verstehen, als könnten die vorgelegten Interpretationen die einzelnen Geschichten umfassend erörtern und interpretieren. Diese ausführliche Analyse kann und muß dem Unterricht bzw. der selbständigen Schülerarbeit überlassen bleiben. Wir beanspruchen also nicht, den Gehalt der Kurzgeschichten erschöpfend ausgelotet zu haben, sondern wir wollen vielmehr dem Leser den Zugang zur Problematik des Stoffs erleichtern und ihn durch die Hinweise in den Stand versetzen, selbständige Schritte der Interpretation zu gehen. Als zusätzliche Hilfestellung sind dabei die zu Beginn jeder Geschichte angeführten Arbeitsfragen und Aufgaben zu verstehen. Sie sollen dem Benutzer des Bändchens die eine oder andere Richtung weisen, in die es zu forschen unserer Meinung nach sich lohnt. Die Arbeitsfragen haben aber noch eine zweite Funktion. Sie gehen oftmals über den eigentlichen Text hinaus und versuchen, der kritischen Wirkungsabsicht der Autoren Rechnung zu tragen und die Arbeit über eine rein werkimmanente Interpretation hinauszutreiben.

Diesem Zweck dient auch die einleitende Einführung in Theorie und Geschichte der deutschen Kurzgeschichte. Sie versucht, »Aufstieg und Fall« dieser modernen Kurzprosaform zu umreißen und die Entwicklung dieser literarischen Gattung auf dem Hintergrund der Nachkriegsentwicklung der Bundesrepublik zu sehen. Unserer Meinung nach sollten Gattungstheorie und Gattungsgeschichte neben der eigentlichen Interpretationsarbeit Teil der unterrichtlichen Arbeit sein. Anregungen hierfür zu geben, ist ebenfalls Absicht des einleitenden Teils.

Nachzutragen ist noch, daß wir Anregungen den Schülerinnen und Schülern der Deutsch-Leistungskurse der Abiturjahrgänge 1978/79 und 1979/80 des Johannes-Althusius-Gymnasiums in Bad Berleburg verdanken, die im Rahmen des Unterrichts der Kollegen Werner Wasilewski und Bernd Matzkowski die beiden Anthologien behandelt haben.

Teil A

Anmerkungen zur Geschichte und Theorie der Kurzgeschichte

> „Es gibt nicht *die* Kurzgeschichte. Jede hat ihre eigenen Gesetze, und diese Form, die Kurzgeschichte, ist mir die liebste. Ich glaube, daß sie im eigentlichen Sinn des Wortes modern, das heißt gegenwärtig ist.“[1])
> (Heinrich Böll)

Eine Begründung des didaktischen Stellenwertes der Kurzgeschichte für den Deutschunterricht scheint unnötig. Die Kurzgeschichte ist, um das Wort Bölls aufzugreifen, auch in dem Sinn gegenwärtig, daß sie aus dem Deutschunterricht nicht mehr wegzudenken ist.

Als eine moderne Form der Prosa erfreut (erfreute) sie sich nicht nur großer Beliebtheit bei den Autoren im Deutschland der Nachkriegszeit, auch die Adressaten auf dem literarischen Markt akzeptierten die Gattung, die sich ihren Platz in Journalen, Zeitschriften und Magazinen eroberte.

Kaum ein Lesebuch, das nicht mehrere „Standards“ der Gattung in den Kanon seiner literarischen Texte aufgenommen hat, kaum ein größerer Schulbuchverlag, der nicht mindestens eine Anthologie mit Kurzgeschichten im Verlagsprogramm vorweisen kann.

Ist die Lektüre von Kurzgeschichten schon längst integraler Bestandteil des Deutschunterrichts auf der Sekundarstufe I — in den Unterrichtsempfehlungen für die Sek. I Gymnasium ist sie ausdrücklich ausgewiesen —[2]) so scheint sie sich im Zuge der wissenschaftspropädeutischen Ausrichtung des Unterrichts nun auch endgültig die Sek. II zu erobern.[3])

[1]) in Horst Bienek, Gespräche mit Schriftstellern, München 1962, S. 140

[2]) Deutsch-Unterrichtsempfehlungen Sek. 1 Gymnasium, Hgb. Der Kultusminister des Landes NRW, S. 33

[3]) dies nicht zuletzt durch die Einbeziehung der Geschichte und Theorie der Gattung. Der Reclam-Verlag etwa hat (dankenswerterweise) zu seiner Anthologie „Deutsche Kurzgeschichten 11.-13. Schuljahr“ in seiner Reihe „Arbeitstexte für den Unterricht“ ein Bändchen zur „Theorie der Kurzgeschichte“ herausgegeben, in dem Texte von Autoren/Praktikern und Literaturwissenschaftlern/Theoretikern zur Gattung versammelt sind (Hgb. Hans-Christoph Graf von Nayhaus, Stuttgart 1977) (diese Quellensammlung wird im weiteren Text zitiert als „Theorie“)

Was macht die Kurzgeschichte als Unterrichtsgegenstand so geeignet?

Zweifelsohne ist es einerseits die Themenvielfalt der Kurzgeschichten, die es dem Lehrer möglich macht, je nach Interesse und Entwicklungsstand der Schüler bereits auf der Sek. 1 mit Kurzgeschichten zu arbeiten. So bietet sich ein Vergleich motivgleicher Kurzgeschichten verschiedener Autoren ebenso an wie das Aufzeigen unterschiedlicher Lebens- und Wirklichkeitsausschnitte anhand der Werke eines Autors. Dabei kann der Unterricht in der Sek. 1 durch die Analyse von allmählich komplexeren und komplizierteren Geschichten auch bereits im Hinblick auf die Untersuchung formaler Merkmale der Gattung Grundsteine für die Arbeit in der Sek. II legen.

Die Analyse von Kurzgeschichten, damit kommen wir zum zweiten Grund für deren Eignung als Lerngegenstand, kann als Einstiegs- und Vorbereitungsarbeit für die Lektüre längerer Ganzschriften dienen. Konstituierende Merkmale epischer Literatur können anhand von Kurzgeschichten ebenso behandelt werden wie die Einführung entsprechender Fachtermini. Strukturmerkmale der Epik, wie sie etwa bei der Lektüre eines Romans zu untersuchen sind, können an den vom Umfang her überschaubaren Texten von Kurzgeschichten vom Schüler erkannt und benannt werden, um sie dann später bei der Analyse einer umfangreicheren Prosaganzschrift zu verwenden; als Beispiele seien hier genannt Typen der Erzählsituation, das Verhältnis von Erzählzeit zu erzählter Zeit, Redeformen etc.

Gerade die Überschaubarkeit der Texte ermöglicht es, anhand der Lektüre einer Kurzgeschichte einen literarischen Text lesend zu verstehen (zu decodieren), seine Erzählschritte zu erkennen (ihn zu segmentieren) und ihn als Textganzes zu erkennen (seine Makrostruktur zu erfassen)[4]), wobei die Schüler den Zusammenhang zwischen Verfasserintention, Gestaltung des Textes und Wirkung aufgrund eigener Leseerfahrung erkennen lernen.

Im Zusammenhang mit der Themenvielfalt der Kurzgeschichte steht der dritte Aspekt, ihre Formenvielfalt. Nicht zu Unrecht hat Hans Bender die Kurzgeschichte einmal das „Chamäleon der literarischen Gattungen" genannt[5]); kaum eine andere Kurzprosaform läßt sich sowenig in das Korsett einer sich an normativer Poetik orientierenden Gattungsbestimmung pressen wie die Kurzgeschichte. Ihre Formenvielfalt muß immer wieder Anlaß zur Überraschung und damit zur Hinterfragung bereits gewonnener, eindeutig definierter „Regeln" für die Bestimmung der Kurzgeschichte werden; sie eröffnet dem Schüler damit die Einsicht in den weiten Horizont literarischen Schreibens überhaupt.

Die Ursprünge der Kurzgeschichte liegen im anglo-amerikanischen Sprachraum, wobei allgemein zwischen „short story", als bereits in der 1. Hälfte des 19. Jahrhunderts entstandener Kurzform der Epik, und der „modern short story", dem Pendant zur deutschen Kurzgeschichte unterschieden wird. Während die „short story" — sieht man einmal vom Umfang ab — sich stark der Novelle annähert, unterscheidet sich die modern short story von dieser.

[4]) vergl. Richtlinien NRW, Sek. 1, S. 32

[5]) Hans Bender, Ortsbestimmung der Kurzgeschichte in Theorie, S. 68

E. A. Poe (Tales of the Grotesque and Arabesque, 1840), der nicht nur als Begründer der literarischen Gattung des Kriminalromans, sondern auch als Schöpfer der short story und als einer ihrer ersten Theoretiker gilt,[6]) ,,defined what he called 'the prose tale' as a narrative that can be read at one sitting of from one half-hour to two hours, and that is limited to 'a certain unique or single effect', to which every detail is subordinate."[7])

Die short story fand ihre großen literarischen Vertreter in Amerika: William Faulkner, Katherine Anne Porter, John O'Hara, Mark Twain, Ambrose Bierce. Dies geschah nicht zufällig, und ebensowenig war es ein Zufall, daß sich neben den bereits existierenden Prosaformen eine neue Gattung etablierte, deren Werke man, um Poe einmal frei zu übersetzen, ,,in einem Rutsch von einer halben bis zu zwei Stunden lesen konnte."

Helmut Motekat nennt als Begründung für die Herausbildung der neuen Gattung in Amerika

1. ,,die Entstehung eines eigenen, sich von anderen Völkern unterscheidenden Lebensgefühls in den Vereinigten Staaten um die Mitte des 19. Jahrhunderts;
2. den amerikanischen Bürgerkrieg und das dadurch hervorgerufene Gefühl der Unsicherheit;
3. den Kultivierungsprozeß der USA, der mit dem gefährlichen und abenteuerlichen Leben der Grenzer, Jäger und Goldsucher verbunden ist und kaum ein ruhiges, planvolles Sich-Entwickeln kennt".[8])

Die steigende Beliebtheit der short stories weckt das Interesse der Verleger von Magazinen und Zeitschriften. In diesen ist die Erzählung jedoch nur ein Beitrag unter anderen und hat deshalb lediglich begrenzten Raum zur Verfügung; dies treibt den Erzähler zur Textökonomie, zur Konzentration auf das Wesentliche. Und so trifft trotz aller Vielfalt von Themen, Erzähltechniken und unterschiedlichen Erzählsituationen[9]) hinsichtlich ihrer formalen Gestaltung die lapidare Definition von Abrams zu, wenn er schreibt: ,,The short story, however, is a story that is short."[10]

Die Entwicklung der eigentlichen Kurzgeschichte im anglo-amerikanischen Sprachraum, der modern short story also, vollzieht sich im Zusammenhang mit dem 1. Weltkrieg: die ,,lost generation", die ,,verlorene Generation" von Kriegsteilnehmern, bringt ihren Skeptizismus und Pessimismus literarisch in den Erzählungen von Hemingway, Fitzgerald, Cummings u.a. zum Ausdruck.

[6]) zur Rolle Poes für die Entwicklung der Kriminalliteratur siehe etwa: Klaus Günther Just, Edgar Allan Poe und die Folgen in: Jochen Vogt (Hgb), Der Kriminalroman, Bd. 1, München 1971, S. 9ff; zur Rolle und Bedeutung Poes für die Entwicklung der short story siehe etwa G. v. Wilpert, Sachwörterbuch der Literatur, Stuttgart 1969, S. 706 und M. H. Abrams, A Glossary of Literary Terms, New York 1971, S. 158

[7]) Abrams, A Glossary of Literary Terms, New York 1971, S. 158

[8]) Helmut Motekat, Gedanken zur Kurzgeschichte zitiert nach Theorie, a. a. O., S. 53

[9]) ,,The plot form may be comic, or tragic, or romantic, or satiric; the story is presented to us from one of the many available points of view; and it may be written in the mode of fantasy, realism, or naturalism". (Abrams, a. a. O., S. 157)

[10]) ders., a. a. O., S. 158

Ohne Zweifel nimmt der Arztsohn Hemingway (1899-1961), der im Staat Illinois im Mittelwesten Amerikas geboren wurde und zunächst Journalist war, eine Sonderstellung ein. Sein knapper, präziser Schreibstil, die prägnante Kürze der Dialoge, die zur Meisterschaft entwickelte Kunst des Andeutens hat einige seiner Erzählungen zu Meisterwerken der Gattung werden lassen (The old man at the bridge, Cat in the rain, The killers).

War der 1. Weltkrieg Ausgangspunkt und Erfahrungshintergrund für die amerikanischen Autoren der ,,lost generation", so sind Kriegs- bzw. Nachkriegszeit des 2. Weltkrieges der geschichtliche Raum, in dem die moderne deutsche Kurzgeschichte angesiedelt ist. Böll etwa, der 1950 mit seinen ersten Kurzgeschichten an die literarische Öffentlichkeit tritt (Wanderer, kommst du nach Spa!), thematisiert die Verarbeitung von Krieg und Elend der Nachkriegszeit, von der Entfremdung des Menschen vom Menschen in einer Zeit der Not und Entbehrungen ebenso wie der im Alter von 26 Jahren 1946 verstorbene Wolfgang Borchert (Die drei dunklen Könige, Das Brot).

Nach 12 Jahren faschistischer Diktatur schreibt man sich frei. Ungeschminkt und ohne Pathos beschreiben die Autoren der Nachkriegszeit das Deutschland, das sie vorfinden, ein Deutschland aus Trümmern.[11]) ,,In dieser Situation wurde vordringlichstes Bedürfnis, das Leben so vergegenwärtigt zu finden, wie es jetzt tagtäglich erlebt wurde. Das Leben, so wie es ist: ohne Beschönigung und vor allem ohne den Versuch, aus dem Erzählgeschehen eine so oder so geartete Moral abzuleiten."[12]

Das Gefühl der Nachkriegsautoren, zumal der jüngeren Generation, und den Anspruch an sich und ihre Literatur hat Wolfgang Borchert ausgedrückt, wenn er über die Literatur von Gegenwart und Zukunft schreibt:

> ,,Wir brauchen keine wohltemperierten Klaviere mehr. Wir sind selbst zuviel Dissonanz. — Wir brauchen keine Dichter mit guter Grammatik. Zu guter Grammatik fehlt uns Geduld. Wir brauchen die mit dem heißen, heiser geschluchzten Gefühl. Die zu Baum Baum und zu Weib Weib sagen und ja sagen und nein sagen: laut und deutlich und ohne Konjunktiv (. . .). Und wenn unser Herz, dieser erbärmliche herrliche Muskel, sich selbst nicht mehr erträgt — und wenn unser Herz uns zu weich werden will in den Sentimentalitäten, denen wir ausgeliefert sind, dann werden wir laut ordinär. Alte Sau, sagen wir dann zu der, die wir am meisten lieben. — Nein, unser Wörterbuch, das ist nicht schön, aber dick. Und es stinkt."[13])

Der erhoffte Aufbruch an neue literarische Ufer fand u.a. seinen Ausdruck in der 1947 in München gegründeten ,,Gruppe 47", die auf Initiative von Hans

[11]) In der Literatur kann man allerdings ebensowenig von einer Stunde Null sprechen wie in Ökonomie und Politik, schon allein deshalb nicht, weil sich die Literatur von 33-45 und die Nachkriegsliteratur auch in der Kontinuität von Autoren und z. B. Kritikern ausdrückt (siehe hierzu etwa: Hans Dieter Schäfer, Zur Periodisierung der deutschen Literatur seit 1930; in: Literaturmagazin 7: Nachkriegsliteratur, Reinbek bei Hamburg 1977, S. 95 ff, besonders S. 105ff)

[12]) H. Motekat, a. a. O., S. 58

[13]) zitiert nach Hans Bender, Ortbestimmung der Kurzgeschichte in Theorie, a. a. O., S. 64

Werner Richter und Alfred Andersch erfolgte, die zusammen die Zeitschrift ,,Der Ruf" herausgaben.[14])

Zahlreiche namhafte Autoren gehörten zu diesem Kreis von Literaten, der ,,ohne feste Organisation und ohne festes politisches oder ästhetisch-literarisches Programm"[15]) jährlich Tagungen für Mitglieder und eingeladene Gäste organisierte, bei denen die Autoren aus bisher unveröffentlichten Werken vorlasen und sich der Kritik der Anwesenden stellten.[16])

Mitte der 50er und Ende der 50er/Anfang der 60er Jahre ist nicht nur eine Politisierung der Literatur insgesamt festzustellen, auch die Thematik der Kurzgeschichten ändert sich. Von der Spiegelung des Krieges und seiner Folgen geht man zur Kritik am Wirtschaftswunder-Deutschland über.[17])

Die gesellschaftlichen Veränderungen in der Bundesrepublik (Beginn der Studentenbewegung und der APO) und die internationalen Ereignisse (Vietnamkrieg) bleiben auch nicht ohne Rückwirkungen auf die Literaturschaffenden. Als die Gruppe 47 ihre Jahrestagung 1966 mit Unterstützung der Ford Foundation in Princeton (USA) durchführte, blieben dem Treffen bekannte Autoren fern, so etwa Böll, Walser und Hildesheimer. Der Prestigeverlust der Gruppe, der etwa ab Mitte der 60er Jahre festzustellen war, führte schließlich auch konsequenterweise zu ihrer Auflösung.[18]) Die Gruppe war publikumslos geworden; sie löste sich nicht deshalb auf, weil ihr letztes, für 1968 in Prag geplantes Treffen durch den Einmarsch der sowjetischen Panzer in die CSSR platzte[19]), sondern weil schließlich die, die man ansprechen wollte, die engagierten Jugendlichen, fortschrittlichen Literaten und Kritiker, eine bewußte politische Öffentlichkeit, zum entschiedensten Kritiker der Gruppe wurde. In der literarisch-politischen Zeitschrift ,,Kursbuch", die von Hans Magnus Enzensberger ediert und zu einer der bekanntesten Zeitschriften der Jugend- und Studentenbewegung wurde, formulierte Karl Markus Michel über die 47er spöttisch und enttäuscht zugleich: ,,Was Westdeutschland betrifft, so weiß man spätestens seit Ostern dieses Jahres, daß die als Hort aller Unzufriedenheit, als Born der Zersetzung verschrieene Gruppe 47 nicht einmal ein Papiertiger ist, sondern ein Schoßhund. Die Gruppe hat den rebellierenden Studenten weder Stichwörter geliefert noch Beifall gespendet. Sie wurde von ihnen vielmehr jenem Establishment zugeschlagen, in dem sie bisher ihren eigenen Feind gesehen hatte."[20])

14) vergl. Marcel Reich-Ranicki, Der enttäuschte Revolutionär — Zum Tode des Schriftstellers Alfred Andersch, FAZ v. 23.2.80, S. 25 und G. v. Wilpert, a. a. O., S. 308

15) G. v. Wilpert, a. a. O., S. 308

16) vergl. ders., ebenda

17) siehe etwa R. H. Thomas/K. Bullivant, Westdeutsche Literatur der 60er Jahre, München 1975, S. 44ff

18) vergl. Thomas/Bullivant, a. a. O., S. 64 u. 110

19) vergl. Volker Wehdeking, Eine deutsche Lost Generation? Die 47er zwischen Kriegsende und Währungsreform in Literaturmagazin 7, a. a. O., S. 145ff, besonders S. 146

20) Karl Markus Michel, Ein Kranz für die Literatur — Fünf Variationen über ein Thema in Kursbuch 15, November 1968, S. 177
Das ,,Kursbuch" existiert noch heute. Die Bände 1-20 gibt es in einer Neuauflage im Verlag 2001.

Die Entwicklung der Gruppe 47 und die junge Geschichte der deutschen Kurzgeschichte stehen in einem gewissen engeren Zusammenhang, nicht zuletzt deshalb, weil nahezu alle bedeutenderen Autoren von Kurzgeschichten (zumindest zeitweilig) zum Kreis der 47er gehörten.

Verlor die Gruppe 47 insgesamt ihr Publikum (das nicht identisch ist mit dem Publikum einzelner Autoren), so scheint es auch für Kurzgeschichten schon Mitte der 60er Jahre keinen allzugroßen Markt mehr zu geben. Auffällig ist allein die Tatsache, daß nahezu alle in diesem Band interpretierten Kurzgeschichten bereits in den 50er Jahren bzw. Anfang bis Mitte der 60er Jahre erstmalig publiziert wurden.[21])

Die Gattung hat also eine recht kurze, aber dafür intensive und ergiebige Zeit der Blüte erlebt, die eine Reihe von „Klassikern" hervorgebracht hat.

Wolfdietrich Schnurre, Mitbegründer der Gruppe 47 und selbst Autor von Kurzgeschichten, nennt für den Niedergang der Gattung (er spricht von Verfall) sowohl Gründe auf Seiten der Autoren als auch Gründe auf Seiten des Publikums:

> „Was war geschehen? Etwas sehr Menschliches. Der Anklage-Furor der deutschen Nachkriegsautoren war aufgezehrt. Sie fingen an, sich in ihrer eben noch attackierten Trümmerwelt zu etablieren. (. . .) Einige holten tief Luft und brachten auch den Atem auf, das, was ihre Kollegen in inhaltlich überzeugenden Kurzgeschichten auf fünf Seiten gesagt hatten, noch einmal etwas weniger überzeugend auf drei- bis fünfhundert Seiten zu sagen, und andere wieder stießen mit tiefschürfenden Erzählungen rigoros und zum Äußersten entschlossen ins Wirklichkeitsfremde und Zeitlos-Dichterische vor; aber die Zeit der deutschen Kurzgeschichte war endgültig vorbei."[22])

Schnurres Gedanken treffen sich hier durchaus mit denen von Michel und seiner Einschätzung der Gruppe 47 insgesamt. Schnurre greift insofern tiefer, als er sieht, zu welcher literarischen Form die Reise geht (zum Roman nämlich). Desgleichen nennt Schnurre auch einen Zusammenhang zwischen der Abkehr von gesellschaftskritischen Momenten und den Schreibtechniken, denn für den Verfall der Kurzgeschichte sieht er es als symptomatisch an, daß sich ein Hang zum Manierismus, zur artistischen Perfektion, zum Abgleiten in Klischees und zum reinen Wirklichkeitsabklatsch abzeichnet.[23]) Doch Autoren schreiben immer für ein Publikum, und auch hier sieht Schnurre entscheidende Veränderungen:

> „Der Leser hatte es einfach satt, schockiert zu werden; und er wollte auch nicht, wie es ein Band Kurzgeschichten doch nun einmal erfordert, ständig neu ansetzen müssen; er lechzte nach dem Roman. Dieser Sehnsucht nach epischem Geborgensein entsprach bei der Zeitungslektüre der Wunsch nach

[21]) Die wenigen Ausnahmen bilden die Geschichten von Kunert, Kusenberg und Meckel (Reclam-Anthologie); diese sind am Ende der 60er Jahre/Anfang der 70er Jahre erschienen.

[22]) Wolfdietrich Schnurre, Kritik und Waffe — Zur Problematik der Kurzgeschichte in Theorie, a.a.O., S. 30

[23]) vergl. ders., ebenda

Zerstreuung. So schlug dort der Verleger der Kurzgeschichte die Tür zu, während sie hier der Feuilletonredakteur nur noch in ihren bastardisierten Mischformen hereinließ."[24])

So verschwindet also die Kurzgeschichte gegen Ende der 60er/Anfang der 70er Jahre aus dem Blickfeld der produzierenden und rezipierenden Öffentlichkeit. Nichts könnte den Wandel in den Auffassungen über die Kurzgeschichte deutlicher machen als ein Satz des bereits eingangs zitierten Heinrich Böll, der sich sechs Jahre nach dem Interview mit Bienek (s. o.) eher skeptisch den Möglichkeiten der Kurzgeschichte gegenüber äußert, wenn er sagt: „Ich möchte die Kurzgeschichte gern wieder zum ‚Mittelpunkt' machen. Aber wenn ich es versuche, gerate ich immer wieder ins eigene Strickmuster."[25])

Mit dem Begriff „Strickmuster" gibt Böll auch gewissermaßen das Stichwort für die Frage, ob und wieweit man Gattungsmerkmale der Kurzgeschichte fest umreißen kann. Untersucht man Kurzgeschichten im Hinblick auf ihre formale Struktur, so wird man bald feststellen können, daß es eine auf alle Beispiele der Gattung zutreffende Definition nicht gibt, sondern daß sich die Kurzgeschichte einer solchen Definition geradezu entzieht: dies schließt allerdings nicht aus, daß es Merkmale gibt, die auf zahlreiche Muster der Gattung zutreffen.

Verschiedene Autoren haben versucht, sich einer Definition der Kurzgeschichte dadurch zu nähern, indem sie sie gegen andere epische Kleinformen abgrenzten.[26]) So kann man etwa feststellen, daß sich die Kurzgeschichte in vielfacher Hinsicht von der *Novelle* unterscheidet. Steht im Mittelpunkt der Novelle eine (tatsächliche oder nur mögliche) „unerhörte Begebenheit" und wird in ihr ein Problemkreis geschlossen, eine Entwicklung aufgezeigt und zu einem Abschluß geführt, so ist die Kurzgeschichte eher unhistorisch, reißt einen Problemkreis nur auf und ist durch Entwicklungslosigkeit gekennzeichnet. Begegnet uns in der Novelle oftmals der berühmte „Heysesche Falke",[27]) so fehlt ein solches Dingsymbol in der Kurzgeschichte. Laufen Novellen auf einen Höhepunkt (mehrere Höhepunkte bzw. Wendepunkte) zu, um dann von ihm (von diesen) wegzuführen, so sind viele Kurzgeschichten eher linear gestaltet und streben dem offenen Schluß zu.

Zeigt die *Fabel* anhand eines Beispiels eine (moralische, ethische, politische) Lehre auf, ist sie also in didaktischer Absicht gleichnishaft verfaßt, so wird der Leser durch den offenen Schluß der Kurzgeschichte eher mit Fragen entlassen

[24]) ders., a. a. O., S. 31

[25]) zitiert nach Ludwig Rohner, Theorie der Kurzgeschichte, Frankfurt 1973 in Theorie, a. a. O., S. 5

[26]) vergl. etwa Klaus Doderer, Die Kurzgeschichte in Deutschland in Theorie, a. a. O., S. 43ff; Walter Höllerer, Die kurze Form der Prosa in Theorie, a. a. O., S. 73ff sowie Siegfried Unseld, An diesem Dienstag. Unvorgreifliche Gedanken über die Kurzgeschichte in Theorie a. a. O., S. 46ff; dazu G. v. Wilpert, a. a. O., (entsprechende Stichwörter)

[27]) der Begriff geht auf Heyse zurück. In Anlehnung an die Falkennovelle in Boccaccios Werk „Decameron" verlangte Heyse von jeder Novelle ein Dingsymbol (einen Falken), um das die Novelle aufgebaut ist (siehe etwa die Buche in Droste-Hülshofs Novelle „Die Judenbuche" (vergl. Wilpert, a.a.O., S. 252). Der „Falke" als konstituierendes Merkmal der Novelle ist mittlerweile eher umstritten (vergl. hierzu etwa Handlexikon zur Literaturwissenschaft (Hgb. Dieter Krywalski), Band 2, Reinbek bei Hamburg 1974, S. 372 ff besonders S. 376 f)

und ist aufgefordert, die Konsequenzen aus dem Gelesenen selbst zu ziehen und die Geschichte sozusagen ,,weiterzuschreiben''.

Spielt die *Anekdote* in einem zeitlich und örtlich fest umrissenen Raum, charakterisiert sie eine Epoche, eine bestimmte gesellschaftliche Schicht und schildert sie eine bestimmte Persönlichkeit oder einen Vorfall und steuert dabei konsequent auf eine Pointe zu, so ist die Kurzgeschichte eher unhistorisch, und in ihr muß nicht immer ein ,,Held'', sondern kann auch das Schicksal das tragende Moment sein.

Walter Höllerer, der einer strengen Definition der Kurzgeschichte im Sinne normativer Poetik ablehnend gegenübersteht, hat sieben Merkmale entwickelt, die (nicht immer alle!!) auf Kurzgeschichten zutreffen *können;* sie sollen hier ausführlich zitiert werden:

,,Die Autoren gehen darauf aus:

Erstens :	sich auf die *Augenblicksfixierung* und dabei auf die Rolle der Einzelgegenstände, der einzelnen Worte und Gesten zu besinnen.
Zweitens :	die Ansichten über Wichtigkeiten und Belanglosigkeiten zu revidieren; an *scheinbar belanglosen Situationen entzünden sich die entscheidenen Stellen;* (...).
Drittens :	Geschehnisse (...) werden *andeutend dargestellt.*
Viertens :	Subjekt und Objekt, Personen und Gegenstände *nähern sich in Momentsituationen an.*
Fünftens :	Die Handlung baut sich auf (...) *auf Kabinen des Erzählens.*
Sechstens :	Der Erzähler sucht nicht zu vertuschen, daß er erzählt (...)
Siebentens:	Unabgeschlossenheit am Anfang und am Ende (...)''[28])

Verdeutlichen wir diese formalen Merkmale an einem bekannten Beispiel, nämlich an Herbert Malechas Kurzgeschichte ,,Die Probe''. In seiner Kurzgeschichte schildert Malecha ein oder zwei Stunden aus dem Leben des gesuchten Verbrechers Jens Redluff. Nach einem dreimonatigen Leben in einem Versteck, verborgen vor den Fahndern der Polizei, wagt sich Redluff nun zum ersten Mal wieder in die Öffentlichkeit. Einen gefälschten Paß in der Tasche, hofft er, mit einem Schiff ins Ausland zu entkommen. Die Situation, in der er sich befindet, ist für Redluff doppelt neu: einerseits ist er den Kontakt mit Menschen nach seinem Eremitenleben nicht mehr gewöhnt, andererseits ist er von der Furcht erfaßt, seine Identität könnte entdeckt werden. Unsicher geworden flüchtet er vor dem Strom der Menschen in eine Seitengasse und betritt ein Lokal. Hier wird er von einer Polizeikontrolle überrascht; doch die Beamten erkennen nicht, daß Redluffs Paß eine Fälschung ist. Nun fühlt sich Redluff in seiner neuen Rolle sicher. Er verläßt die Kneipe und schwimmt gelöst im Menschenmeer der Stadt mit. Schließlich betritt er eine Ausstellungshalle. Plötzlich ist er von Lichtern umgeben. Als hunderttausendster Besucher der Ausstellung erfährt er die Glückwünsche der Ausstellungsleitung. Nach seinem Namen gefragt, antwortet er: Redluff. Damit hat er sich selbst verraten. Polizisten kommen auf ihn zu.

[28]) Walter Höllerer, Die kurze Form der Prosa in Theorie, a. a. O., S. 74f

Soweit kurz zum Inhalt der Geschichte. An Malechas ,,Probe" können die von Höllerer entwickelten Merkmale paradigmatisch erläutert werden:

1. Augenblicksfixierung: an einer Stelle wird deutlich, was es heißt, sich auf einzelne Gesten zu besinnen. Als die Beamten ins Lokal kommen, wird Redluff zunächst von einer nervösen Spannung und Angst erfaßt. Malecha macht dies deutlich, indem er Redluffs Verhalten mit der Geste beschreibt: ,,Redluffs klammerte sich mit der einen Hand an die Tischkante".[29]) Mit dieser einen Geste ist die gesamte innere Verfassung Redluffs im Moment höchster Spannung erfaßt. Nur eine Geste genügt, um dem Leser eine Vorstellung davon zu ermitteln, was in Redluff im Moment der Kontrolle vorgeht.
2. an scheinbar belanglosen Situationen entzünden sich entscheidende Stellen: eine solche belanglose Situation ist ohne Zweifel der Besuch der Ausstellung; unter den gegebenen Umständen ist dieser Besuch allerdings von höchster Tragweite, führt er doch zur Preisgabe der wahren Identität Redluffs und zu seiner Verhaftung.
3. andeutende Darstellung: das Café, in dem Redluff Zuflucht sucht, wird von Malecha mit den Worten charakterisiert: ,,(...) ein paar Soldaten saßen herum, grelle Damen in ihrer Gesellschaft." (S. 12) Hier wird es dem Leser selbst überlassen, sich die Atmosphäre im Lokal genauer auszumalen. Zwar trägt der Autor noch einige Hinweise zusammen (bei den Soldaten handelt es sich offensichtlich um Amerikaner), die das Milieu etwas näher bestimmen, insgesamt beschreibt er das Etablissement jedoch äußerst sparsam. Umso überraschender ist dann ja auch für den Leser das Auftauchen der Polizei, der anscheinend die Kneipe als Treffpunkt zwielichtiger Gestalten nicht ganz unbekannt zu sein scheint.
4. Annäherung von Subjekt und Objekt: nach dem Bestehen der ersten Probe (Paßkontrolle) charakterisiert Malecha Redluffs Erleichterung durch den Verweise auf den im Café stehenden Musikautomaten: ,,Triumphierend setzte der Musikautomat wieder ein." (S. 13) Und mit ,,Triumph" ist auch das Gefühl Redluffs zu beschreiben; er ist so glücklich und euphorisch über diese ,,Probe", daß er sogar seinen Hut im Lokal vergessen hätte, wenn ihn nicht der Wirt daran erinnert hätte.
5. Kabinen des Erzählens: in Malechas Geschichte kann man zwei ,,Kabinen" ausmachen; die erste Kabine wird vom Beginn der Geschichte bis zum Verlassen des Lokals nach bestandener Probe anzusetzen sein. Mit dieser ersten ,,Probe", die ja eigentlich nur ein Vorspiel für die spätere, wirkliche Probe ist, bei der Redluff versagt, hätte die Geschichte ihren Abschluß finden können; Malecha spinnt den Handlungsfaden jedoch weiter durch die zweite Kabine. Beide Kabinen stützen sich gegenseitig. Nur durch das Bestehen der ersten Probe und das damit verbundene Sicherheitsgefühl Redluffs scheitert dieser bei der zweiten, der eigentlichen Probe. Nur durch die zweite Probe,

[29]) zitiert nach Interpretation moderner Kurzgeschichten (HGB. Jacob Lehmann), Frankfurt 1976, S. 12 (alle weiteren Seitenangaben zu Malecha beziehen sich auf diese Ausgabe; Zitatangaben im folgenden direkt im Text angegeben)

den Ernstfall, wird deutlich, daß die Paßkontrolle in der Kneipe nur ein Vorgeplänkel für kommende Prüfungen Redluffs war. Nur durch die zweite Probe wird auch der Ausgang der Geschichte ins Tragisch-Ironische verkehrt.

6. der Autor versucht nicht zu vertuschen, daß er erzählt: dieser Punkt trifft auf Malechas Kurzgeschichte nicht zu, denn „Arabesken des Erzählens"[30]) sind in der „Probe" nicht zu finden.
7. Unabgeschlossenheit am Anfang und Ende: Malechas Kurzgeschichte setzt unvermittelt ein: „Redluff sah, das schrille Quietschen der Bremsen noch in den Ohren, wie sich das Gesicht des Fahrer ärgerlich verzog". (S. 11) Mit einem „Paukenschlag", ohne auch nur den Versuch einer Einführung, setzt die Erzählung eigentlich schon mitten im Geschehen ein. Und ebenso abrupt endet die Geschichte auch: „Sie (die Polizisten) kamen auf ihn zu". (S. 13) Das weitere Schicksal Redluffs bleibt ebenso offen, wie einige Fragen im Zusammenhang mit seiner Person auch am Ende der Kurzgeschichte ungeklärt sind; so erfahren wir über die Art seines Verbrechens, den Grund, warum er überhaupt gesucht wird, nichts. Seine Zukunft ist ungeklärt.

Die anhand des Beispiels erläuterten Merkmale der Kurzgeschichte, so wie sie Walter Höllerer entwickelt hat, sind als *Möglichkeit* und *nicht* als *Notwendigkeit* zu verstehen. Die genannten Formelemente sind in der Kurzgeschichte *angelegt,* müssen aber nicht zur Entfaltung kommen; ebenso ist es möglich, daß nichtgenannte Aspekte in den Vordergrund treten können. Gerade das sechste Merkmal (stilistische Arabesken des Erzählens), das wird man unschwer feststellen können, trifft auf zahlreiche Kurzgeschichten nicht zu; vielmehr ist es oft so, daß Kurzgeschichten sich ja eher durch eine spröde, verknappte Sprache auszeichnen und daß der (personale) Erzähler völlig in den Hintergrund tritt. Und so wird man tatsächlich eher „mehr zweideutige als eindeutige Kennzeichen der Kurzgeschichte (...) entdecken".[31])

Zahlreiche Autoren, die sich mit der Theorie der Kurzgeschichte befaßt haben, betonen vor allem den letzten von Höllerer genannten Aspekt, die Unabgeschlossenheit am Anfang und am Ende. Diese Neigung (vor allem zum offenen Ende) kann aus der Entstehungszeit der modernen deutschen Kurzgeschichte verstanden werden. Die Autoren wollten (und konnten) ihren Lesern keine Antworten auf die in ihren Geschichten angerissenen Probleme geben, und so gerinnt die Unabgeschlossenheit am Ende — das Scheinparadoxon, daß die Geschichten zwar einen Schluß, jedoch kein Ende haben — zum Ausdruck für den *offenen Horizont* als einem echten und charakteristischen Merkmal der Zeit ihrer Entstehung.[32])

Welchen Themen wendet sich die Kurzgeschichte zu? Auch diese Frage kann nur schlaglichtartig beantwortet werden, denn ebenso vielfältig wie die Formen und Stile sind die behandelten Themen. Lassen wir noch einmal Wolfdietrich Schnurre zu Wort kommen:

[30]) W. Höllerer, a. a. O., S. 75
[31]) H. Bender, a. a. O., S. 67
[32]) vergl. Siegfried Unseld, a. a. O., S. 49ff

„Und hier liegt ihr eigentlicher Wert: in der menschlichen Aussage; in der Parteinahme für die Verfemten und Unterdrückten; in der harten und unerbittlichen Gesellschaftskritik. (...) In ihrem Mittelpunkt steht der Mensch. Nicht der Mensch, wie er sein könnte, sondern der Mensch, wie er ist: geschunden, verfolgt, schuldbeladen, heimgesucht und verflucht."[33])

[33]) Schnurre, a. a. O., S. 26

Teil B:

Arbeitsfragen und Interpretationen zu den Kurzgeschichten

Ilse Aichinger, Das Fenster-Theater
(Reclam, S. 10-12)

Arbeitsfragen/Aufgaben:

1. Versuchen Sie, die Lebenssituation der Frau zu charakterisieren!
2. Im dritten Absatz der Geschichte heißt es: ,,Er hing über die Brüstung, daß man Angst bekam, er würde vornüber fallen.‘‘ (S. 10) In der Eingangspassage dagegen heißt es: ,,Es hatte ihr noch niemand den Gefallen getan, vor ihrem Haus niedergefahren zu werden.‘‘ (S. 10) Deuten Sie diese beiden Sätze im Zusammenhang mit dem Verhalten der Frau und ihrer Lebenssituation!
3. Welche Bedeutung kommt Ihrer Meinung nach den Tatsachen zu, daß der Mann *schwerhörig* ist und daß das Kind der Sprache noch nicht mächtig ist?
4. Deuten Sie den Schlußsatz der Geschichte!
5. Spielen Sie eine kleine, selbsterdachte Szene, in der Sie lediglich Mimik und Gestik als Mittel der Kommunikation einsetzen!

Hinweise zur Interpretation:

Ilse Aichingers Geschichte beginnt mit einer Alltagssituation — eine Frau sieht aus dem Fenster ihrer Wohnung. Doch die Frau hat ,,den starren Blick neugieriger Leute, die unersättlich sind.‘‘ (S. 10) Und diese Neugier, bis zur pervertierten Sensationslust gesteigert (Es hatte ihr noch niemand den *Gefallen getan,* vor ihrem Haus niedergefahren zu werden, S. 10) ist das treibende Moment im Verhalten der Frau. Gerade in dem Moment, als sie sich vom Fenster abwenden will, wird ihre Aufmerksamkeit von einem alten Mann aus dem Haus gegenüber geweckt, der am Fenster seiner Wohnung gestikuliert, grimassiert, schließlich sogar einen Kopfstand macht und sich in ungewöhnlicher Verkleidung (Turban) zeigt. Nachdem die Frau zunächst meint, das ungewöhnliche Spiel des Alten gelte ihr (,,Sie bewegte leicht den Kopf‘‘, S. 10/,,Das bereitete ihr solange Vergnügen, bis...‘‘, S. 11), ruft sie schließlich die Polizei.

Während der Mann weiterhin seine der Frau unverständlichen Bewegungen und Gesten am Fenster vollführt, kommt nun auch die Frau in Bewegung, denn ,,atemlos‘‘ kommt sie unten (auf der Straße) an und ,,schleicht‘‘ den Beamten bei ihrer Annäherung an die Wohnung des Alten hinterher (S. 11). Endlich scheint das eingetreten zu sein, worauf sie so sehnsüchtig gewartet hat: das ,,Neue‘‘ (S. 10), das Abwechslung in ihren Alltag bringt, die Sensation.

Die Beamten dringen in die Wohnung des Mannes gewaltsam ein, und nun erfahren wir den Grund für sein Verhalten. Auf der anderen Straßenseite (also im Haus der Frau) steht an einem Fenster ein Gitterbett, in dem sich ein Kind befindet. Über die Straße und über ihre Verständigungsschwierigkeiten hinweg (der Mann und das Kind können nicht verbal miteinander kommunizieren) tauschen die beiden Personen Signale der Freundschaft und der Freude untereinander aus: „Er sprang und winkte herüber und krähte vor Jubel." (S. 12)

Durch diese überraschende Wendung der Geschichte (auch wir erfahren ja erst am Schluß der Geschichte den Grund für das Verhalten des Alten, könnten also durchaus geneigt sein, seine Gesten als Ausdruck von Senilität zu deuten) macht Ilse Aichinger die Tristesse des Alltags der Frau, die ja bereits zu Beginn der Geschichte angesprochen wird, erschreckend deutlich.

In der Konfrontation des Verhaltens des Jungen und des alten Mannes mit dem der Frau (und auch der Nachbarn sowie der Wachleute — vergl. die Beschreibung der Polizeiaktion und das Verhalten der Nachbarn auf S. 11) werden zwei Möglichkeiten menschlichen Zusammenlebens kontrapunktisch gegenübergestellt. Protagonisten der wahren, menschlichen Verhaltensweisen sind der Alte und das Kind. Wohl nicht zufällig gehören sie zu den beiden Altersgruppen, die in unserer Gesellschaft in vielen Bereichen und auch im Bewußtsein vieler einzelner an den Rand gedrängt sind. Die „geflickten Samthosen" deuten darauf hin, daß der Alte arm ist, also eher ein soziales Schattendasein führt. Der kleine Junge steckt im Getto des „Gitterbett(s)".

Und ausgerechnet der Alte und das Kind überwinden die Einsamkeit, die Passivität, sie überwinden ohne Schwierigkeiten äußere Hindernisse (Die Schwerhörigkeit, das Gefangen-Sein im Gitterbett) durch ihre Phantasie, ihr Freude am spielerischen Miteinander und ihre Lust an der Kommunikation. Und eben diese Phantasie ist es auch, die den anderen Personen fehlt. Oder vielmehr: deren Phantasie ist pervertiert, nur noch alternativlos auf Sensationen und Katastrophen gerichtet.

Die Möglichkeit zur Verständigung, zum menschlichen Miteinander auch unter ungünstigen Bedingungen wird dabei durch das Fenster symbolisiert; das Fenster ist sozusagen die Verbindungsmöglichkeit zur Kontaktaufnahme des einzelnen mit der Außenwelt. Um den gegensätzlichen Gebrauch dieser Möglichkeit zu verdeutlichen, kontrastiert Aichinger das „finstere" Fenster der Frau mit dem „erleuchteten" Fenster des Alten und des Kindes. Das Fenster ist somit Chiffre für den Charakter und den Gemütszustand der Personen.

Die Handlung der Geschichte verläuft linear. Der Schematismus der Gedanken der Frau und der Polizisten vergegenständlicht sich in der automatischen, unaufhaltsamen Handlungsabfolge. Das alternativlose Denken gebiert entsprechende Handlungen.

In einer Geschichte, die die Sprachlosigkeit der Menschen thematisiert, fehlen konsequenterweise auch Dialoge. Soweit sie durch die Handlung erzwungen sind (Telefongespräch), genügt es, wenn der Leser ihren Inhalt erahnt.

Ilse Aichinger erzählt in ihrer Kurzgeschichte Entwicklung, Ablauf und Auflösung eines grotesk-gefährlichen Mißverständnisses. Indem sie gleich zu Beginn verschlüsselte Hinweise auf die Ursachen dieses Mißverständnisses gibt, schärft sie den Blick des Lesers für Einsamkeit und Kommunikationsunfähigkeit als Erscheinungsform zwischenmenschlicher Entfremdung.

Peter Bichsel, San Salvador
(Reclam S. 12-13)

Arbeitsfragen/Aufgaben:

1. Bestimmen Sie das Verhältnis von erzählter Zeit und Erzählzeit sowie die sich daraus ergebenden Raffungen/Raffungsarten (Dehnungen?)
2. Deuten Sie die Funktion des sich mehrmals wiederholenden „dann!
3. Werten Sie die Graphik (im Anhang der Interpretationshinweise) aus! Wäre Ihrer Meinung nach eine Scheidung eine Lösung des Problems von Hildegard und Paul?
4. Schreiben Sie die Geschichte von dem Punkt aus weiter, an dem Hildegard nach Hause kommt! Stellen Sie sich dabei vor, Paul artikuliert die Probleme, die er mit sich und der Beziehung zu Hildegard hat!

Hinweise zur Interpretation:

Nicht einmal sechzig Zeilen nimmt Bichsels Geschichte „San Salvador" in Anspruch, in der er uns nicht etwa in den mittelamerikanischen Staat führt, der den Namen Christi trägt (El Salvador = der Retter, der Erlöser), sondern in die Tristesse einer im Alltäglichen zur Routine gewordenen Beziehung, die anscheinend (?) ohne Hoffnung ist.

Paul sitzt am Tisch, in der Hand einen Federhalter und vor sich ein Blatt Papier, auf das er zwei Sätze schreibt: „Mir ist es hier zu kalt" und „ich gehe nach Südamerika". Paul scheint sich entschlossen zu haben, seine Frau Hildegard zu verlassen, den Schritt in eine neue Zukunft zu wagen. Es bleibt jedoch beim Vorsatz. Die halbe Stunde, die ihm bleibt, um seine Gedanken in die Tat umzusetzen, verstreicht. Es wird immer deutlicher, daß Paul weder die Kraft hat, die offensichtlichen Probleme, die er hat, in der Beziehung zu lösen (denn der Satz „mit ist kalt" ist als Chiffre für solche Probleme zu verstehen), noch hat er ganz offensichtlich den Mut, die Lösung der Probleme durch einen radikalen Bruch zu suchen (dabei kann Mittelamerika durchaus als konkretes Ziel seiner Wünsche gedacht werden oder auch als Chriffre für einen Neubeginn oder eine andere Beziehung).

Bichsel erzielt diesen Eindruck durch die Schilderung einzelner Handlungen Pauls, deren Abfolge seine Unsicherheit und seine Unentschlossenheit deutlich macht. Die Handlungen Pauls sind von Planlosigkeit gekennzeichnet. In der Sukzession der Einzelhandlung offenbart sich die Ziellosigkeit seines gesamten Handelns. „Später räumte er die Zeitungen vom Tisch, überflog dabei die Kinoinserate, dachte an irgendetwas, schob den Aschenbecher beiseite, zerriß den Zettel mit den Wellenlinien, entleerte seine Feder und füllte sie wieder.“ (S. 12)

Die Entschlußlosigkeit des Mannes, die sich so offenbart, kann auch nicht dadurch überdeckt werden, daß er sich schließlich zur Bekräftigung der Ernsthaftigkeit seines Vorhabens dazu entschließt, „großzügig“ seinen Namen unter den „Abschiedsbrief“ zu setzen.

In seiner Phantasie sieht sich Paul so, als habe er seinen Entschluß durchgeführt, und er stellt sich die Reaktionen seiner Frau bei ihrer Heimkehr vor. Und noch während er sich die stereotype Abfolge der Handlungsweisen seiner Frau vergegenwärtigt, erlischt in dem Mann der Wunsch (die Kraft?) zu fliehen; seine Phantasie wird vom Alltäglichen niedergerungen, Südamerika bleibt Chimäre.

Wieder flüchtet er in unverbindliche und unverbundene, ohne in einem inneren Zusammenhang stehende Tätigkeiten. Seine Gedanken und seine Handlungen laufen im Kreis: letzten, schüchternen Ansätzen, sich ein neues Leben vorzustellen („überlegte, wem er seinen Brief schreiben könnte, dachte an Plamen“), tritt sofort das Gewohnte, das Alltägliche entgegen („las die Gebrauchsanweisung für den Füller noch einmal“, „dachte an Hildegard“), ohne daß der Versuch des faktischen Bruchs unternommen wird. Das Resultat: „Dann saß er da...Saß da.“

Die Ausweglosigkeit ist — vermutlich — endgültig, der Versuch (der erste? der letzte?), ihr zu entrinnen, ist gescheitert. Daß schließlich die Frau sich wie vorhergesehen verhält (die Geste des sich die Haare aus dem Gesicht Streichens), ist geradezu selbstverständlich. Ihr Verhalten besiegelt für den Leser endgültig das Scheitern des Mannes.

Neben die Entschlußlosigkeit und Handlungsunfähigkeit des Mannes tritt als zweiter Aspekt der Geschichte die Entfremdung der Ehepartner voneinander. An dem Tag, an dem die Gaststätte geschlossen ist, die der Mann sonst wohl regelmäßig aufsucht (sie würden in den ‚Löwen‘ telefonieren), ausgerechnet an diesem Tag geht die Frau zum Kirchenchor. Zwar vermag der Mann das Verhalten seiner Frau bis in die kleinste Geste vorauszusehen, doch der Frage, ob seine Frau vielleicht ebenso unzufrieden ist, wie er selbst, geht er nicht nach. Der Mann unterstellt seiner Frau vielmehr, daß sie sich (vielleicht) „damit abfinden“ würde.

Bichsel läßt die „Schuldfrage“ völlig offen, ja, er thematisiert diese noch nicht einmal — auch nicht in den Gedanken des Mannes. Er enthält sich vielmehr jeder Stellungnahme und zwingt somit den Leser, sich aus den mehrdeutigen Andeutungen, die Resultat der Technik der Aussparung sind, selbst ein eigenes Bild der Personen und der Geschehnisse zu konturieren.

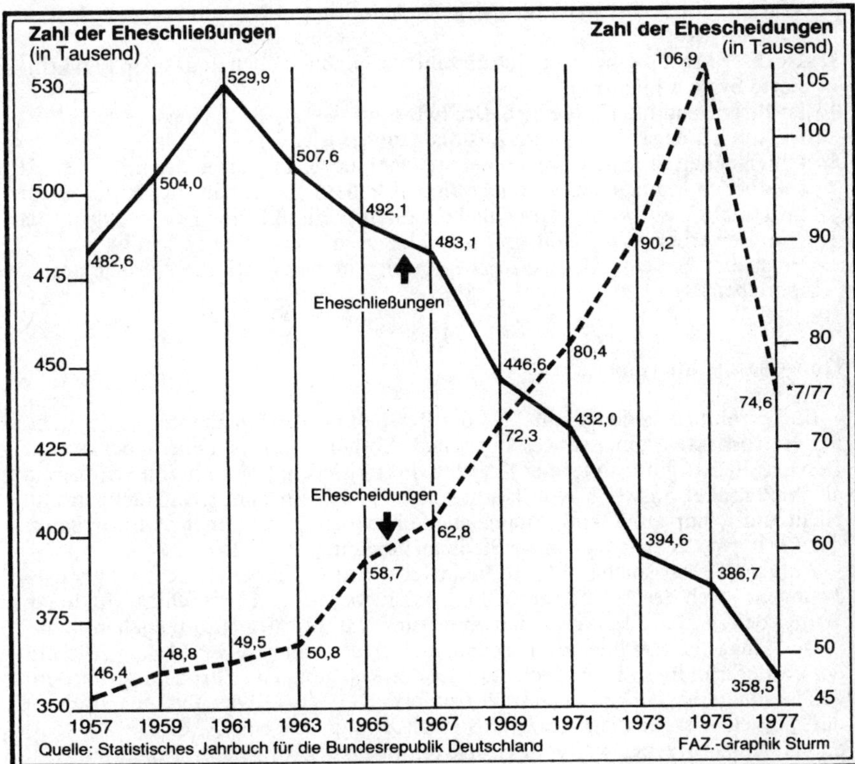

* 7/77 neues Ehescheidungsrecht

Heinrich Böll, Es wird etwas geschehen
(Reclam S. 14-19)

Arbeitsfragen/Aufgaben:

1. Zeigen Sie anhand von Bölls Geschichte unterschiedliche Mittel satirischer Wirklichkeitsdarstellung auf (etwa Komik, Ironie, Übertreibung, Groteske)!
2. Warum gibt Böll seiner Erzählung den Untertitel ,,Eine handlungsstarke Geschichte''?
3. Ist Ihrer Meinung nach der Ich-Erzähler schließlich doch in das von ihm kritisierte System integriert?
4. Ist Ihrer Meinung nach eine Satire (wie etwa die von Böll) ein geeignetes Mittel, um als negativ erkannte Zustände zu kritisieren?
5. Untersuchen Sie Stellenangebote/Stellengesuche für Posten des mittleren bis gehobenen Managements (solche finden sich an jedem Samstag in der FAZ) im Hinblick auf a) ihre sprachliche Gestaltung und b) die Erwartungen, die vom Bewerber zu erfüllen sind bzw. die er zu erfüllen verspricht! Versuchen Sie einmal, eine solche Anzeige in eine satirische Anzeige umzuschreiben!

Hinweise zur Interpretation:

Böll erzählt seine Geschichte aus der Perspektive des Ich-Erzählers, der in einer Retrospektive einen abgeschlossenen Abschnitt seines Lebens beschreibt. Der Erzähler beginnt mit einer Selbstcharakterisierung, die ihn von vornherein als Außenseiter ausweist: von Natur aus neigt er eher zum ,,Nachdenken und Nichtstun'', nur anhaltende finanzielle Schwierigkeiten können ihn überhaupt dazu bringen, ,,eine sogenannte Stelle anzunehmen.'' (S. 14)

Aufgrund einer solchen Misere finanzieller Natur sieht er sich eines Tages gezwungen, ,,sich der Arbeitsvermittlung anzuvertrauen.'' Diese schickt ihn in die Wunsiedelsche Fabrik, wo er sich einer Einstellungsprüfung unterziehen muß.

Der kluge Ich-Erzähler durchschaut sofort die hinterlistige Absicht, die mit der vordergründig so freundlichen Geste der Reichung eines Frühstücks verbunden ist, denn dieses Frühstück stellt bereits den ersten Teil der Eignungsprüfung dar. So zelebriert er die Mahlzeit als einen Zwang, wie einer, ,,der genau weiß, daß er seinem Körper wertvolle Stoffe zuführt''. (S. 14) Man ißt nicht mit Genuß, sondern zweckgebunden, nämlich um sich zu stärken. Da das Essen von Handlungen abhält, hört man gefälligst auf, sobald man satt ist (,,——ließ den Kaffee und ein Ei stehen, den größten Teil des Toast liegen'', S. 14).

Die Einstellungsprüfung wird zum Theater, der Ich-Erzähler zum Chamäleon, ohne dabei jedoch seine innere Unabhängigkeit aufzugeben. Er erkennt die Absichten der Prüfungsfragen und beantwortet sie in grotesk übertriebener (Schein-)Anpassung an die den Fragen immanente Leistungsideologie. Die Handlung wendet sich schließlich vollends ins Irreale, wenn der Erzähler die Stelle tatsächlich erhält.

Seine Tätigkeit ist bar jeden Inhalts, sie besteht darin, mit bloßen Handlungsabsichten, Redefloskeln und Tatphrasen telefonisch Geschäfte abzuwickeln (S. 15 unten). Dementsprechend fällt die Beschreibung seiner neuen Tätigkeit recht kurz aus.

Der Erzähler widmet größere Aufmerksamkeit als der Beschreibung seiner eigenen Tätigkeit den Personen, die ihn in dieser Welt umgeben — denn die Fabrik steht für die menschliche Gesellschaft —. Die geschilderten Personen (Wunsiedel, dessen Sekretärin und sein Stellvertreter Broschek) sind Rädchen im geschäftigen, haltlosen, weil inhaltsleeren Treiben; sie sind keine Menschen mehr, sondern Handlungsträger ohne Arbeitsgegenstände. Die Überhöhung des Tatbegriffs — und damit seine inhaltliche Leere — verdeutlicht Böll durch die willkürlich anmutende Reihung unzusammenhängender Tätigkeiten im Verlauf des beruflichen Aufstiegs der drei Personen, die der reine Tatendurst zu treiben scheint.

Scheint der Erzähler sich zunächst dieser Umgebung angepaßt zu haben (er steigert die Zahl der bedienten Telefone innerhalb von zwei Wochen auf dreizehn), so bekommt die Geschichte eine erneute Wendung durch den plötzlichen Tod Wunsiedels. Eines Morgens stürzt der bereits vom Tode gekennzeichnete Wunsiedel mit dem üblichen Satz ,,Es wird etwas geschehen" ins Zimmer des Ich-Erzählers. Die verschwommene Erkenntnis des nahen Todes von Wundsiedel läßt den Erzähler zunächst zögern, mit dem üblichen Antwortsatz zu erwidern. Auf den Befehl Wunsiedels hin spricht er endlich ,,leise und widerstrebend wie ein Kind" (S. 17) die ritualisierte Floskel aus, und Wunsiedel stirbt.

Dem in hektischer Aktivität begriffenen Broschek fällt angesichts der Leiche nur ein: ,,. . .das ist unmöglich!" (S. 18) Denn der Tod ist für Broschek keine Handlung, keine Aktivität, sondern unbeeinflußbares Geschehen, dem der Mensch ausgesetzt ist. Der Tod ist keine Leistung, daher für Menschen wie Broschek (und eigentlich auch den toten Wunsiedel) nicht existent (,,Nein", sagte Broschek, ,,nein"., S. 18)

Doch die erzwungene Untätigkeit wird durch neue Handlung abgelöst, nämlich die Beerdigung Wunsiedels. Und hier erfährt die Geschichte abermals eine Wendung: wegen seiner Gestalt und seines Gesichts trägt man dem Ich-Erzähler seitens eines Bestattungsinstitutes an, sich dort als ,,berufsmäßig Trauernder" zu verpflichten (S. 18), und er akzeptiert den Vorschlag. Endlich hat er den Beruf gefunden, der seinen Neigungen entspricht; ab und an leistet er sich sogar die Extravaganz einer nicht bezahlten, unaufgeforderten Tätigkeit: er geht in trauernder Haltung hinter dem Sarg eines Heimatlosen her und kauft auf eigene Kosten Blumen für dessen Grab.

Bölls Geschichte ist eine bissige Satire auf die Leistungsgesellschaft, in der sogar die Empfindung der Trauer berufsmäßig simuliert werden kann (muß?), weil die Fähigkeit zur Trauer degeneriert ist. Menschen mit degenerierten (verkümmerten) Empfindungen sind auch Menschen mit verkümmerter Fähigkeit zur Kommunikation, zum wechselseitigen Aufeinanderzugehen im Medium der Sprache. Konsequenterweise steht fast ausschließlich die Variation des Satzes ,,Es wird etwas geschehen" in der wörtlichen Rede. Dialogische Strukturen trägt einzig der Wortwechsel des Ich-Erzählers mit Broschek unmittelbar nach Wunsiedels Tod, allerdings verkümmert zur antithetischen Setzung „Nein"—„Doch"—„Nein" (vergl. S. 18)

Wolfgang Borchert, Das Brot
(Reclam S. 19-21)

Arbeitsfragen/Aufgaben:

1. Untersuchen Sie die Satzstruktur in Borcherts Kurzgeschichte besonders im 1. Abschnitt/S. 19 und im 1. Abschnitt/S. 20)! Wodurch ist die Syntax gekennzeichnet? Nennen Sie Gründe für die Verwendung dieser Satzstrukturen!
2. Die Frau bedient sich zweimal der Lüge (S. 21). Halten Sie die Lügen für gerechtfertigt?
3. Warum greift der Mann zur Lüge? Halten Sie sein Verhalten für gerechtfertigt?
4. Charakterisieren Sie das Verhältnis der Ehepartner zueinander!

Hinweise zur Interpretation:

Borcherts Kurzgeschichte thematisiert ein typisches Nachkriegsmotiv: den Hunger. Gleichzeitig zeigt er ein Eheschicksal in einer vom Hunger bestimmten Zeit auf; die beiden Eheleute in Borcherts Geschichte bedienen sich der Lüge: der Mann, weil er seiner Frau nicht gestehen kann (will), daß er heimlich eine Scheibe des knappen Brotes gegessen hat, die Frau, weil sie ihren Mann nicht verletzen will („In diesem Augenblick tat er ihr leid" (S. 21).[34])

Aufgeschreckt durch ein Geräusch in der Nacht betritt die Frau die Küche und steht dort ihrem Mann gegenüber; sofort erfaßt sie die Situation, und auch der Mann merkt wohl, daß die Frau seinen „Diebstahl" bemerkt hat. Und dennoch vermögen sie nicht, sich wirklich auszusprechen. Diese wechselseitige Unehrlichkeit schafft sich Raum in der innerlichen Kritik an Äußerlichkeiten des Gegenübers. Beide finden sich „alt", suchen die Erklärung für diese plötzlich auftauchende Einschätzung des Ehepartners jedoch nicht in den für beide peinlichen Umständen der Begegnung, sondern schieben andere Gründe vor (der Mann die Haare der Frau, die Frau das Hemd des Mannes). Ihre momentane Beziehung wird nicht durch Gefühl, sondern durch Objekte, nämlich die Welt der Woh-

[34]) Dieser Satz der Frau kann in zweifacher Hinsicht verstanden werden. Einmal kann er sich generell auf die Lage des Mannes beziehen, seinen Hunger, seine Existenz bedauern. Dann aber kann er auch so verstanden werden, daß die Frau merkt, daß der Mann seinerseits nun ihre Lüge durchschaut hat — sie behauptet ja, er könne das Brot essen, weil es ihr nicht bekomme — und daß er sich gedemütigt fühlt.

nung charakterisiert: die Fliesen sind *kalt* (Kälte als Chiffre der Gefühls*kälte*). Der Helligkeit in der Küche, die die Szenerie beleuchtet und keine Beschönigung zuläßt, entrinnen die Ehepartner in die Dunkelheit und das Schweigen. („Ich muß das Licht jetzt ausmachen, . . .). Doch selbst in der Dunkelheit steht noch die Lüge zwischen ihnen: der Mann versucht *nach Minuten, leise und heimlich* zu kauen, die Frau *tut so,* als schliefe sie. Die sinnlosen Gespräche in der Küche — ausgedrückt in der Wiederaufnahme der immer gleichen belanglosen Sätze und ihrer stereotypen Wiederholung — finden ihre Fortsetzug im schweigenden Lügen der Ehepartner. (Mit der zweiten Lüge der Frau) am folgenden Tag dauert die trostlose Situation an.

Im Mittelpunkt der Kurzgeschichte und ihrer Diskussion sollte heute nicht die Frage nach dem Hunger als (doch lediglich auslösendem) Moment des Konflikts stehen, sondern Borcherts Zeichnung der Beziehung des Ehepaares.

Reiner Brambach, Känsterle
(Reclam S. 22-24)

Arbeitsfragen/Aufgaben:

1. Warum ist Brambachs Geschichte Ihrer Meinung nach im Präsens verfaßt?
2. Zeigen Sie anhand des Schlußsatzes auf, daß in Kurzgeschichten ein Minimum an Text ein Maximum an Aussage erzielen kann!
3. Könnte man Ihrer Meinung nach ,,Känsterle" auf den zweiten Hauptabschnitt der Erzählung (die ,,Weihnachtsmannepisode") reduzieren, ohne daß die Aussage unverständlich würde?
4. Skizzieren Sie jeweils alternative Verhaltensweisen Känsterles und seiner Frau und ihre möglichen Folgen!
5. Kann man Ihrer Meinung nach Brambach vorwerfen, er habe die Personen unglücklich, weil einseitig typisiert und erspare dadurch dem Leser eigene Reflexionsanstrengungen im Hinblick auf die Beurteilung Känsterles und seiner Frau (Mitleid mit Känsterle/Verachtung für die Frau?)?
6. Setzen Sie Brambachs ,,Känsterle" als Theaterstück in Szene!

Hinweise zur Interpretation:

Brambachs Geschichte ist in zwei Hauptabschnitte eingeteilt, die durch die Personen Wallfried und Rosa Känsterle verbunden sind, wobei der zweite Abschnitt Verlauf und Ausgang des im ersten Teils angelegten Konflikts zeigt.

Der erste Abschnitt von Brambachs ,,Känsterle" zeigt ,,Szenen einer deutschen Ehe". Allerdings stellt Brambach das vielleicht erwartete Rollenschema, das Macht-Ohnmacht-Gefälle zwischen Mann und Frau, auf den Kopf. Der Ehemann, Wallfried Känsterle, ist in der Beziehung der eindeutig unterlegene Partner, seine Frau Rosa spielt die dominierende Rolle. Diesen Eindruck erzielt Brambach nicht nur durch die direkte Charakterisierung Känsterles (er ist ,,einfacher" Schlosser, er „murmelt hilflos", er „gehorcht", er antwortet „abwesend"), sondern auch durch die Dialogführung.

Auf den ständigen Redeschwall seiner Frau, der gespickt ist mit Meckereien, Vorwürfen, Beschimpfungen und Appellen und etwa 90 % des gesamten Textumfangs des ersten Abschnitts einnimmt, antwortet Känsterle zunächst nur mit zwei Zwei-Wort-Sätzen („Ja, ja" und „Gleich, gleich"). Erst auf das Ansinnen seiner Frau, für die Kinder den Nikolaus zu mimen, reagiert Känsterle überhaupt mit längeren Ausführungen in ganzen Sätzen, die jedoch, kaum daß sie begonnen haben, schon durch ein „Vermaledeiter Stockfisch!" der Frau unterbunden werden.

Känsterle fügt sich notgedrungen in das ihm aufgebürdete Amt. Die zweite Szene zeigt, wie sich Känsterle auf dem Dachboden in den Weihnachtsmann verwandelt. Der trübselig anmutenden Schilderung des Verkleidungsvorgangs folgt der „Abstieg" zu der im Wohnzimmer wartenden Familie, wobei das Substantiv „Abstieg" nicht nur das Hinabklettern der Stufen, sondern zugleich die düstere Gefühlslage des mit einem aufgezwungenen Amt belasteten Känsterle kennzeichnet (Mehrdeutigkeit einzelner Textkonstituenten). Zudem assoziiert der Leser vielleicht einen Bergsteiger, der nach gefahrvoller Bergbesteigung nun einen riskanten Abstieg beginnt. Und auch Känsterles Klettertour ist durch Hindernisse erschwert, nur daß ihr Verlauf nicht abenteuerlich, sondern komisch wirkt. Die Verkleidung, die offenbar nur halbherzig vorgenommen wurde, zeigt sich widerspenstig: die Kapuze rutscht, der Bart verschiebt sich. Känsterle erweist sich als doppelt ungeschickt, zunächst tritt er auf den Kuttensaum, sodann beschleunigt er ungewollt die Kletterpartie: „Mann und Sack rumpeln in die Tiefe." (S. 24) Die Requisiten (Bart, Kutte, Kapuze) werden tatsächlich zu *Gegen*-Ständen (Die Tücke des Objekts kehrt sich *gegen* den Benutzer). Die Komik (aus der Sicht Känsterles: die Tragik) des Vorgangs wird durch die drei folgenden, durch Absätze voneinander getrennten Sätze noch verstärkt (Klimax: Ein dumpfer Schlag.//In Känsterles Ohren trillert's.///Ein Gipsfladen fällt von der Wand, S. 24).

Rosas Reaktionen müssen dem armen Mann wie Spott erscheinen („Jetzt hat sicher der Nikolaus angeklopft", S. 24). Als sie ihn — den wahren Sachverhalt erkennend — schließlich noch in gewohnter Haustyrannenmanier zurechtweist („Zieh den Bart zurecht", S. 24), brennen dem innerlich und buchstäblich am Boden zerstörten Ehemann die Sicherungen durch. Die Backpfeife wird zum Befreiungsschlag, der Pantoffelheld zum Berserker, die angestauten Aggressionen äußern sich in einer Zerstörungswut, die sich vor allen Dingen gegen mit der Frau verbundenen Gegenstände richtet (der Porzellanpfau, das Geschirr, der Gummibaum).

Als die Nachbarn — durch Rosas Gezeter herbeigelockt und eine Sensation witternd — auf dem Plan erscheinen und als für einen kurzen Moment zwischen Herrn Hansmann und Känsterle Solidarität tyrannisierter Ehemänner aufzuleuchten scheint („...ein Glitzern kommt in seine Augen...", S. 24), sind der Zorn und die Energie Känsterles jedoch schon wieder vollständig verraucht („Elend hockt der Weihnachtsmann im Sessel"., S. 24) Känsterle ist wieder der alte: wehleidig, hilflos und nun auch noch über sich selbst erschrocken.

Der erfolglose Selbstbehauptungsversuch Känsterles sollte auf dem Hintergrund einer Diskussion und Einschätzung der Beziehung zwischen Känsterle und Rosa gesehen werden. Um nicht einseitig Rosa die Schuld an der Leere der Beziehung und dem im zweiten Abschnitt der Geschichte geschilderten Aggressionsausbruch des Mannes zu geben, ist auch zu überlegen, welche *Vorgeschichte* die Beziehung zwischen Wallfried und Rosa wohl gehabt haben mag, welche Entwicklung (oder Entwicklungslosigkeit) also ihre gegenseitige Beziehung geprägt hat. So ist etwa die Frage nach Ursache und Wirkung anhand des ersten Teils möglicherweise zu diskutieren (ist die Geschwätzigkeit Rosas Folge oder Ursache der dokumentierten Einsilbigkeit Känsterles, der ja — was sonst? — vor dem Fernseher hockt!).

Günter Grass, Die Linkshänder
(Reclam, S. 25-31)

Arbeitsfragen/Aufgaben:

1. Zeigen Sie in Grass' Geschichte den Zusammenhang zwischen der Verwendung unterschiedlicher Tempora (Präsens-Präteritum-Plusquamperfekt) und der Technik der Zeitdehnung (bzw. Zeitdeckung) und Zeitraffung und ihrer Funktion auf!
2. Untersuchen Sie die unterschiedliche Verwendung des Personalpronomens ,,wir'' in Grass' Geschichte! Welche Personengruppen werden als ,,wir-Gruppe'' bezeichnet?
3. Ist die Selbstverstümmelung des Ich-Erzählers ein Schritt zur endgültigen Anpassung an die gesellschaftlichen Normen?
4. Kann man Ihrer Meinung nach die Erzählung auch als Kritik an politischen Parteien, besonders der SPD, verstehen? Denken Sie bei Ihrer Antwort daran, daß sich Grass stark für die SPD engagiert hat (bzw. noch engagiert). Wie ist die Geschichte dann zu verstehen?
5. Wird Ihrer Meinung nach die Intention Grass' durch die in den ,,Linkshändern'' verwendete Technik der Chiffrierung der Aussage eher behindert oder eher unterstützt?

Hinweise zur Interpretation:

Grass schildert den Ablauf (Ebene des gegenwärtigen Geschehens) und die Vorgeschiche (Retrospektive des Ich-Erzählers) eines ungewöhnlichen Duells. Der Ich-Erzähler und sein Freund Erich haben sich entschlossen, sich durch einen gezielten Schuß gegenseitig die linke Hand zu verstümmeln, so daß sie nicht brauchbar ist und sie nur noch auf ihre rechte Hand angewiesen sind. Die Geschichte beginnt damit, daß die beiden Schützen, die Waffen in der Hand und sich gegenseitig fixierend, Aufstellung genommen haben und endet mit dem Erfolg (?) der beiden Schüsse: „Jeder hat, wie vorgesehen, die wichtige Sehne so unterbrochen, daß die Pistolen, nicht mehr kraftvoll genug gehalten, zu Boden fielen und damit nun jeder weitere Schuß überflüssig ist. Wir lagen und beginnen unser großes Experiment damit, ungeschickt, weil nur auf die rechte Hand angewiesen, die Notverbände anzulegen." (S. 31)

Vorbereitung und Durchführung des Duells und seine Schilderung werden unterbrochen durch lange Rückblicke und Reflexionen des Ich-Erzählers, die einmal die Beweggründe der beiden „Kontrahenten" erläutern, dann aber auch dazu dienen, den Schußwechsel hinauszuzögern und damit (für den Leser) die Spannung steigern.

Der Ich-Erzähler und Erich leben als Linkshänder in einer Gesellschaft von Rechtshändern — damit sind sie als Außenseiter stigmatisiert. In seinen Reflexionen und der Retrospektive läßt der Erzähler nun die Schwierigkeiten Revue passieren, die ihm als Linkshänder erwachsen sind. So hebt er etwa besonders die Probleme im Umgang mit dem anderen Geschlecht hervor, die dadurch ihre Lösung fanden, daß er in Monika — einem Mädchen der „Jugendgruppe" — seine Verlobte gefunden hat, die ebenfalls Linkshänderin ist.

Quantitativ am umfangreichsten und wohl auch bedeutsamer als die „Frauen-Problematik" sind die Passagen der Geschichte, die sich mit dem Verein der „Einseitigen" beschäftigen. Dieser Verein lebt der „gegenseitigen Hilfe" und „Geselligkeit" (S. 28) der Linkshänder.

In offensichtlicher Anspielung auf Vereinsmeierei, auf die Vorliebe (speziell der Deutschen) für Statuten, Losungen und Vereinsbürokratie schildert der Erzähler (fast durchweg ironisch) die Entwicklung des Vereins bis zu seinem und Erichs Austritt. So schildert er etwa, daß der „extreme Flügel" des Vereins gegen die opportunistische Parole „Wir wollen nicht ruhen, bis daß rechts wie links ist" mit der Forderung „Wir wollen auf unsere linke Hand stolz sein und uns nicht unseres angeborenen Griffes schämen" polemisiert, obwohl die Extremen selbst dies für ein „sicher nie zu erreichende(s) Ideal" halten (vergl. S. 26).

Gleichermaßen problematisch erweist sich für den Verein die Namensgebung. Zwar erscheint dem Erzähler der Name „Einseitige" jedoch immer noch sinnvoller als etwa der Name „Die Linken" oder „Die linken Brüder", ist doch die eine Bezeichnung eine politisch nicht opportune, die andere mit negativen Assoziationen besetzt (jmd. linken = reinlegen). Zudem kommt hinzu, daß sich mit dem Namen „linke *Brüder*" die Vorstellung an jene „sicher bedauernswerte Menschen" verknüpft, „denen die Natur die einzig menschenwürdige Möglichkeit vorenthielt, der Liebe genüge zu tun", (S. 28), womit wohl Homosexuelle gemeint sind.

Ihre eigentliche Brisanz gewinnen die Überlegungen des Ich-Erzählers dadurch, daß er selbst unverkennbar die Vorurteile der sog. Normalen — der Rechtshänder also — gegen Homosexuelle und Linke teilt. Und zwar nicht nur verbal, um sich die Anerkennung der rechtshändigen Umwelt zu erschleichen, sondern tatsächlich aus tiefstem Herzen („Nichts wäre unzutreffender...", S. 27 f./// „...erotische Abwegigkeit...'", S. 28). Zwar sind der Ich-Erzähler und sein Freund Erich durch die Natur zu Außenseitern gestempelt, aber von der

Verinnerlichung der Normen her sind sie ,,normal'' wie die Rechtshänder, ja, erfüllen die Normen der Gesellschaft oft sogar besser als die Normalbürger (,,... ergäbe sich ein Sittenbild, das manchen, um das Seelenheil seiner Gemeinde besorgten Pfarrer...'', S. 28). Das Duell nun bringt innere Verfassung (Haltung den Normen gegenüber) und Äußeres (das Manko, Linkshänder zu sein) wieder in Einklang miteinander.

Dies ist nicht zuletzt dadurch notwendig geworden, daß der Verein, der zunächst einen gewissen Rückhalt und Selbstsicherheit gab, sich im Kampf seines rechten und linken Flügels immer mehr zerfleischt. (,,Hat sich doch da ein Sektierertum breitgemacht, und die Reihen der Vernünftigen sind mit Schwärmern, ja sogar mit Fanatikern durchsetzt. Die einen himmeln nach rechts, die anderen schwören auf links.'', S. 30)

Seiner Verinnerlichung gesellschaftlicher Vorurteile folgend führt der Erzähler die Ausbreitung ,,jene(r) verfehlten und (ihm) ganz unbegreifliche(n) Liebe zwischen Geschlechtsgleichen'' (S. 30) im Verein auf diesen Umstand zurück. Es liegt zugleich Tragik und Ironie darin, daß der Erzähler und sein Freund ausgerechnet zu dem Zeitpunkt den Verein verlassen, als dessen Mitglieder sich wahrhaft zu emanzipieren beginnen, indem sie sich nicht nur vage gegenseitige Hilfe und Geselligkeit versprechen, sondern ihr Diskriminierung politisch bekämpfen wollen.

An dieser Entwicklung will der Erzähler keine Teilhabe haben, er will nichts als ,,rechtschaffen'' (S. 30) sein. Ihm stellt sich deshalb nur die Alternative, dem Schicksal seinen Lauf zu lassen (d.h. zu resignieren) oder sich die linke Hand, die vermeintliche Wurzel allen Übels, kaputtschießen zu lassen. Nach erfolgter gewaltsamer Amputation will er *,,in freier Wahl und durch nichts mehr vom Allgemeinen getrennt neu beginnen und eine glückliche Hand haben''.* (S. 31)

Grass schildert am Beispiel der Linkshänder die Diskriminierung von Minderheiten, aber auch die Tendenzen dieser Minderheiten zur Überanpassung, die bis zur Selbstverleugnung führen kann.

Marie Luise Kaschnitz, Eisbären
(Reclam S. 31-40)

Arbeitsfragen:

1. Hat der Mann Angst vor der Wahrheit? Läßt sich das aus der Kurzgeschichte erkennen?
2. Warum imitiert die Frau im Polizeiwagen die Kopfbewegung der Eisbären?
3. Was ist die Grundproblematik, was die Kernaussage der Kurzgeschichte?
4. Skizzieren Sie die möglichen Folgen eines offenen Gesprächs zwischen Mann und Frau für ihre Beziehung!
5. Vergleichen Sie diese Kurzgeschichte mit Bichsels ,,San Salvador'' (Reclam S. 12-13), mit Borcherts ,,Das Brot'' (Reclam S. 19-21), mit Brambachs ,,Känsterle'' (Reclam S. 22-24)!

Ein Mann kommt heim. Er wird von seiner Frau bereits sehnlich erwartet. Ein merkwürdiges Gespräch beginnt.

Um dieses Gespräch zu verstehen, muß man die Vorgeschichte kennen:

Das Ehepaar hat sich im Zoo, bei den Eisbären kennengelernt. Dort hatte die Frau auf ihren damaligen Geliebten gewartet, der sie versetzte und dadurch die Bekanntschaft mit ihrem jetzigen Mann ermöglichte. Seit fünf Jahren verschweigt die Frau die Existenz des früheren Liebhabers und den Umstand, daß sie bei den Eisbären mit ihm verabredet war.

Dieses Schweigen belastet die Frau. Wie sehr, wird erst aus dem verblüffenden Schluß der Geschichte deutlich, der dem Leser die Deutung nahelegt, daß die Frau sich das Gespräch mit ihrem Gatten nur eingebildet hat. Daraus kann der Leser schließen, daß sie den fiktiven Dialog herbeisehnt. Gleichzeitig fürchtet sie ihn jedoch, wie der Gesprächsverlauf, die Aufrechterhaltung der Lüge, zeigt.

Tragisch wird dieser innere Konflikt der Frau durch den vermutlich tödlichen Verkehrsunfall des Mannes, der die Frau in ihrer seelischen Zerrissenheit trostlos zurückläßt. Sie wird mit der Lüge weiterleben müssen.

Der psychische Druck schafft sich ein Ventil. Die dauernde innere Auseinandersetzung der Frau mit ihrer Schuld sensibilisiert ihre Sinne so sehr, daß eine (schein)realistische Gesprächssituation entsteht, die ihr erlaubt, ihre vermutliche Reaktion angesichts einer gesprächsweisen Konfrontation mit ihrer Lüge durchzuspielen. Aber sogar in der Welt des Scheins setzt sich die Angst durch, die Wahrheit auszusprechen. Der psychologische Dialog, von der Frau unbewußt eingesetzt, um zu einem wirklichen Gespräch mit ihrem Mann durchzubrechen, erweist sich als erfolglos.

Von der psychologischen Voraussetzung her erscheint es nicht verwunderlich, daß ,,die Stimme" (S. 32), ,,ihr Mann" (ebd) (man beachte die Konkretisierung!) geradewegs *ihr* Problem anspricht. Die lakonischen Befehle des Mannes (,,Mach kein Licht. . ." ebd) erwecken den Eindruck einer Verhörsituation. Verstärkt wird dieser Eindruck durch die äußeren Umstände: Die Stimme des Mannes kommt ,,von weit weg"; (S. 33) das Gespräch findet in der Dunkelheit statt (,,. . .und mach das Licht nicht an."; ebd).

Zwar sucht die Frau, die bedrohliche Situation zu ändern, ,,sie schlug die Decke zurück, um aufzustehen" (ebd), doch der Mann hindert sie daran. Die Frau soll im Bett liegen bleiben: ,,Steh nicht auf, sagte er. . ." (ebd). Dies drückt ihre situative Unterlegenheit aus.

Als die Stimme mit dem ,,fremden Klang" (ebd) sie darauf hinweist, daß sie häufig die pendelnden Kopfbewegungen der Eisbären nachgeahmt habe, vollführt die Frau unwillkürlich, wie probeweise, erneut diese Bewegung. So wie die Eisbären mit dieser Bewegung ihre Unrast, ihren Freiheitsdrang ausdrücken (vgl. S. 36 oben), läßt die Frau nun ihre Not und Ratlosigkeit erkennen. Sie ahnt, daß sie in die Enge getrieben werden soll, daß ihr ein Geständnis abverlangt wird.

Dennoch ist sie, wie unter Zwang, bereit, das Gespräch fortzusetzen. Nicht zuletzt ihre im Lauf der Jahre gewachsene Liebe zu ihrem Mann bewegt sie dazu. ,,Sie waren jetzt fünf Jahre lang verheiratet, aber jeder Tag der Gegenwart schien ihr schöner und wichtiger als alle vergangenen Tage." (S. 33)

Der von der Stimme ins Gespräch eingeführten Metaphorik der Vögel, die in Käfigen eingesperrt sind, so daß sie im Fluge „mit ihren Flügelspitzen die Gitter streifen" (S. 34), setzt die Frau nun ihrerseits das Bild von den Eisbären entgegen, bei denen es „keine Gitter« (ebd) gibt. Dies mag ein Beleg für das Streben der Frau sein, sich die Illusion einer unbelasteten, glücklichen Ehe zu bewahren: Auch Eisbären, die ob ihrer Gefangenschaft rastlos den Kopf hin und her wenden, sind frei, will sie sagen.

Doch der Mann — das heißt, *die Frau selbst* — ignoriert diesen schwächlichen Versuch der Verteidigung.

Der Mann schildert ihre erste Begegnung fast poetisch: „Es war nicht mehr so heiß und es war sogar ein Hauch von Spätsommer in der Luft." (ebd) Die Reaktion der Frau wirkt übertrieben: „Damals habe ich angefangen zu leben". Der Mann fällt daraufhin in seinen alten barschen und knappen Ton zurück: „Das glaube ich nicht". (ebd) Er hört nicht mehr die Ernsthaftigkeit hinter der Äußerung der Frau, sondern nur noch einen falschen *Ton,* der aus der Angst seiner Frau rührt, er werde ihr nicht glauben, wenn sie ihm ihre Liebe beteuert.

Die Frau überträgt hier ihre eigene Zerrissenheit auf ihren Mann, um ihre Schuldgefühle zu vergrößern und sich dadurch zur Wahrheit zu zwingen.

Dennoch flüchtet sie sich immer wieder in Beteuerungen, deren Wirkungslosigkeit sie voraussieht. Sie kann sich nicht für die Wahrheit entscheiden, sie will Zeit gewinnen. (vgl. S. 34) Daß es schon fast zu spät ist, die Wahrheit zu sagen, kündigt der anbrechende Morgen an. (vgl. S. 35) Obwohl es heller wird, vermag die Frau ihren Mann immer noch nicht zu erkennen, „und das beunruhigte sie sehr." (S. 35) Weil sie die Wahrheit noch nicht ausgesprochen hat, ist es unnötig, den Gegenüber zu sehen; er kann ja keine Reaktion zeigen.

Die Frau hofft, ihr Mann „würde aus dem Dunkeln herüberkommen und sich zu ihr auf den Bettrand setzen". (S. 35) Sie müßte sich nur dazu durchringen, „alles das zuzugeben, was sie so lange geleugnet hatte". (ebd) Statt dessen streckt sie nur „im Dunkeln ihre Arme nach ihm aus". (ebd) Der Mann „blieb, wo er war". (ebd)

„Wie die Eisbären, die die Freiheit suchen, oder etwas, von dem wir nichts wissen" (S. 36) habe sie kurz nach ihrer Bekanntschaft immerfort nach ihrem Geliebten Ausschau gehalten, wirft die Stimme der Frau vor. Daß ihr Mann sie „Eisbär" nannte, war also nicht als „Kosewort" (ebd) gemeint, sondern war Ausdruck dieses Verdachts.

Die Frau wird ärgerlich über die Hartnäckigkeit ihres Mannes, sie möchte ihn ablenken. Doch „es fiel ihr nichts ein". (ebd) Sie sehnt den Tag herbei in der Hoffnung, daß die alltäglichen Dinge, die Möbel „ihr beistehen würden, ihren Mann davor zu überzeugen, daß sie ihn liebte und daß auch er selbst seinen alten Argwohn längst vergessen hatte". (S. 37) Doch der Mann wiederholt unerbittlich den einen Satz: „Wir sind ihm einmal begegnet." (S. 36/37)

Wieder rechtfertigt die Frau sich nur in Gedanken, und zwar mit Argumenten, die durchaus geeignet wären, ihren Mann zu überzeugen. Aber diese Argumente bleiben selbst im fiktiven Dialog unausgesprochen. Worte helfen nicht mehr, das Beste ist zu schweigen. (vgl. S. 38 oben) Die Frau redet sich ein, die offene Aussprache nur verschoben zu haben. So kann sie leichter lügen. Dennoch trauert sie, ,,daß sie nicht die Wahrheit sagen durfte, die doch viel schöner war als alles, was ihr Mann von ihr hören wollte", (S. 38) nämlich daß sie ihren Mann liebt.

Es ist hell geworden, die Nacht ist vorüber, der Schemen des Mannes verflüchtigt sich. Die Polizei schellt an der Tür. Es handelt sich um eine Überdrehungskurzgeschichte, die ihren Wendepunkt mit dem Erscheinen der Polizei erreicht, zugleich um eine Augenblickskurzgeschichte, die wenige Stunden umfaßt.

Scheinbare Belanglosigkeiten (Geräusche, Licht und Dunkelheit) erhalten subjektiv tieferen Gehalt nicht zuletzt durch die mehrdeutige, andeutende Darstellungsweise etwa der Reaktionen der Frau auf diese Äußerlichkeiten.

Subjekt und Objekt nähern sich so sehr an, daß sie zeitweise ein verschwommenes Ganzes konturieren. Der Mann etwa ist eine psychologische Konstruktion der Frau aus eingebildeten Geräuschen, eingebildeter Sprache.

Offener Anfang und offener Schluß deuten die Bedeutungshaftigkeit des fiktiven Dialoges für die Frau an und zugleich seine Ausweglosigkeit.

Zeitdeckung und — seltener — Zeitraffung wechseln häufig. Das Fließende der Übergänge wird durch die Technik der Schrittraffung erreicht, wodurch dem Leser allerdings die Erkenntnis der Fiktionalität des Dialoges erschwert wird. Nahezu unmöglich wird diese Erkenntnis dadurch, daß der Erzähler fast völlig verschwindet und der Leser sich mit der Situation der Frau identifiziert.

Der Widerspruch zwischen wörtlicher Rede und fehlenden Anführungszeichen ist einziges Indiz für die Fiktionalität des Gesprächs.

Günter Kunert, Lieferung frei Haus
(Reclam S. 40-46)

Arbeitsfragen:

1. Deuten Sie die Metaphorik der Leichenwagen! (S. 41, 42, 44)
2. Interpretieren Sie die Metaphorik, die Kunert zur Beschreibung der Leichenempfänger benutzt! (S. 41 oben; S. 44 vorletzter Absatz)
3. Der DDR-Schriftsteller Kunert bekennt sich zum Sozialismus und Antifaschismus. Dechiffrieren Sie die Metaphorik der Kurzgeschichte unter Bezugnahme auf den Hitlerfaschismus und die gesellschaftliche Entwicklung im Nachkriegsdeutschland! (vgl.: Oberpostsekretär S. 43)
4. Vergleichen Sie die Reaktionen der Personen dieser Kurzgeschichte mit dem Verhalten der Personen in Storz' ,,Lokaltermin"! (Reclam S. 68-74)

Der ‚Held' dieser Geschichte, Friedrich W. Schmall, beobachtet zuerst neugierig, dann schadenfroh, schließlich, nachdem er selbst betroffen ist, entsetzt die Anlieferung von Särgen. Die Belieferung erfolgt offenbar nach einem festen Plan, jeweils abends und in den frühen Morgenstunden. Der Kontrast zwischen der bürokratisch-peniblen Organisation und dem makabren Inhalt der Lieferungen verbindet Fiktionalität und Realität. Die Handlung der Kurzgeschichte ist so exotisch, daß ihr metaphorischer Charakter nicht übersehen werden kann. Die Schadenfreude der (noch) unbehelligten Bürger, zu denen auch Schmall zählt, verleitet den Leser zur Mißgunst. Sowohl die Portiersfrau wie Schmall selbst ist der Leser geneigt, ebenfalls auf die gleiche Stufe wie diese Personen zu stellen.

Die Annahme der Leichen darf nicht verweigert werden, weil die Belieferten vorgeblich Schuld am Tode der ihnen Zugesandten sind, tatsächlich aber wohl vor allem, weil die Friedhöfe überfüllt sind. So ergibt sich für den Leser die Frage, ob nicht eine allmächtige Staatsmacht willkürlich Schuld zuweist, um organisatorische Probleme zu lösen.

Die entsetzten Empfänger allerdings stellen sich diese Frage zumeist nicht. Sofern sie nicht einfach die Särge resigniert empfangen, weil sie wirklich verantwortlich sind (Oberpostsekretär) oder weil sie zu feige sind, sich zu wehren, versuchen sie, sich vage zu rechtfertigen: „Es ist so lange her." (S. 45)

Zwar scheinen in einigen Fällen Verbrechen vorzuliegen (Erschießung desertierter Soldaten durch den Oberpostsekretär; S. 43), doch der Umstand, daß der Bäcker von der Anklage der fahrlässigen Tötung im Straßenverkehr freigesprochen wurde (S. 42), läßt auf staatliche Willkür schließen. Auch im Falle der Braut Schmalls ist der Sachverhalt zweifelhaft. Er kann sich durchaus um eine — jedenfalls heute gesetzlich erlaubte — Abtreibung gehandelt haben.

Schmall problematisiert das staatliche Vorgehen wenigstens ansatzweise: „Wenn nun Irrtümer unterliefen, die ohne weiteres möglich waren, denn die Gerechtigkeit bringt immer Irrtümer mit sich, und ein völlig Unschuldiger durch eine fehlgeleitete Fracht zu Tode erschreckt würde — wer bekäme dessen entschlummerte Physis?" (S. 43)

Doch seine Schadenfreude erstickt diese Überlegung sofort. Der Untertan spekuliert lieber auf die Allwissenheit der Behörde, auf die „ausgleichende Gerechtigkeit" (ebd) statt gegen die bürokratische Vorgehensweise zu protestieren. Die Ahnung, daß Irrtümer möglich sein können, erstreckt sich nur auf die eigene Person, was anderen widerfährt oder noch widerfahren wird, kümmert Schmall nicht. Und er ist kein Einzelfall; auch der Mann von der Straße reagiert eher schadenfroh als angstvoll oder zornig: „Das hat er sicher nicht gedacht ..." (ebd)

Die staatliche Willkür entlarvt Kunert vollends, wenn er dem Leser an Schmalls Beispiel zeigt, an welchen Kriterien die anonyme Macht sich orientiert. Fräulein Wirkwark (= Wirrwarr?) bringt sich um; ob sie Selbstmord begeht, weil sie in den Augen ihrer Mitmenschen als Kindesmörderin dasteht oder weil Schmall sie verlassen hat, erfährt der Leser nicht. Die Bürokratie weist jedoch skrupellos Schmall die Schuld zu: ihm wird die Leiche seiner ehemaligen Braut ins Haus geliefert.

Der Leser fragt sich: Woher weiß die Behörde, daß Schmall sich von seiner Braut getrennt hat? — Der Willkür gesellt sich Allwissenheit zu, die nur durch umfassende Bespitzelung erreicht werden kann.

Der Staat, in dem Schmall lebt, ist eine Diktatur, die mit ihren Bürgern machen kann, was sie will, weil diesen Zivilcourage und moralische Prinzipien abgehen.

Kunert knüpft mit seiner Kurzgeschichte an die umgangssprachliche Redewendung an, jemand habe ‚eine Leiche im Keller', das heißt einen dunklen Punkt in seiner Vergangenheit. Der Autor nimmt diese Redewendung wörtlich und baut um sie herum seine Geschichte auf.

Der szenische Aufbau entspricht der Struktur eines Dramas. Er ist so konzipiert, daß in jeder Szene zum einen die ungelösten Fragen der vorhergehenden Szene beantwortet werden, zum anderen eine neue Frage auftaucht, die im nachfolgenden Bild ihre Auflösung erfährt. So wird zum Beispiel in der 1. Szene nur von „etwas Kastenförmige(m)" (S. 40) gesprochen, das sich in der 2. Szene als Sarg entpuppt. In der 3. Szene erfährt der Leser den Grund für die Leichenlieferungen. Der Erkenntnisfortschritt des Lesers entspricht dem der Hauptperson. Der Leser wird gleichsam von Schmall an die Hand genommen und allmählich ins Bild gesetzt.

Diesem ruhigen epischen Aufbau widerspricht der durch die wörtlich genommene Redewendung von der ‚Leiche im Keller' ins Groteske gehobene Inhalt. Diese Disharmonie von Inhalt und Form mag diese Kurzgeschichte als Überdrehungskurzgeschichte kennzeichnen.

Es mag sein, daß die epische Erzählweise — wie auch die personale Erzählperspektive — den Leser einlullen soll, um ihn dann um so kräftiger in jedem Moment erneut durch die Absurdität der Ereignisse auf eine hinter der vermeintlichen Normalität des Alltagsgeschehens verborgene unmenschliche ‚Natur' des Menschen aufmerksam zu machen.

Kurt Kusenberg, Herr G. steigt aus
(Reclam S. 46-51)

Arbeitsfragen:

1. Erklären Sie die Funktion des Eichhörnchens!
2. Warum wird Herr G. nicht mit seinem vollen Namen vorgestellt?
3. In welchen Formen erscheint der Tod?

Herr G. reist in einer geschlossenen Kutsche durch die Welt. Er schließt sich von der Außenwelt ab und lebt ganz seinen Gedanken.

Die Handlung scheint sich zunächst einer Interpretation zu verschließen. Der Leser verfängt sich in der bedrückenden, alptraumhaften Atmosphäre.

Den Schlüssel zum Verständnis der Kurzgeschichte biete möglicherweise Herrn G.s Reflexion über Leben und Sterben der Menschen: „Sie verstehen sich nicht darauf, richtig zu leben; nur das Sterben gelingt ihnen ganz gut." (S. 46/47) Auf dieser vermeintlichen Erkenntnis baut Herr G. sein Leben auf. Sie ist Grundlage seines Fatalismus, der ihn nur noch nach einem interessanten Tod Ausschau halten läßt; denn der Tod ist es, der seinem Leben noch „Hoffnung"

(S. 48) gibt. „Das Schnuppern und das Zeitablesen“ (S. 49) gelten der rechtzeitigen Erahnung des Todes.

Es kann nicht verwundern, daß jemand, der vom Leben nichts erwartet, sich so sehr für den Tod interessiert; ist er doch die einzige Abwechslung in der verrinnenden Eintönigkeit des Lebens.

Bevor Herr G. zu dieser Einstellung gelangte, war auch er neugierig, war auch er ein Mensch wie alle anderen, abgehoben vielleicht durch seine Bildung und sein Vermögen, das ihm jahrelange Reisen gestattet. Resultat seiner Bildung ist jedoch Überheblichkeit und Gedankenträgheit. Herr G. ist ein bloßer Beobachter, unfähig, irgendwelche Aufgaben zu erkennen und zu übernehmen, zu *handeln*.

Ursache seiner Passivität ist die „große Unlust“. (S. 47) Diese Unlust wiederum ist vielleicht Produkt seines passiven Charakters, seines Egoismus. Man sieht: Ursache und Wirkung sind nicht recht auseinanderzuhalten.

Symbolisiert wird Herrn G.s Egoismus durch die zeremoniöse Pflege des eigenen Körpers: „Fechtübungen“, „turnerische Kunststücke“, Waschungen, einstündiges Einatmen „frische(r) Nachtluft“. (S. 47/48) Die menschenverachtende Denkungsart erhöht das eigene Ich zum Mittelpunkt des Weltalls.

Betrüblich nur, daß all diese Rituale ziellos verrichtet werden: „. . . wenn er auch nicht wußte, warum und wofür er sich bereit halte“. (S. 47/48) Denn daß nur der Tod das Ziel sein kann, vermag sich selbst Herr G. nicht offen einzugestehen. Dazu ist er doch zu sehr Mensch.

Zumindest eine Ahnung, daß er auf dieses wenig erfreuliche Ziel zusteuert, muß Herrn G. beherrscht haben. Deshalb ist es nicht „unerklärlich, ob Herr G. gern in der Kutsche saß oder nicht, und weshalb er, anstatt blind durch die Welt zu reisen, sich nicht lieber in eine kleine Kammer einschloß“. (S. 48) Es ist die innere Unrast, die ihn umtreibt, ein unausgesprochener Wunsch, dem Tod zu entgehen oder ihm zumindest wohlgerüstet entgegenzutreten. Der Reisende will nicht hilflos warten, er täuscht sich mit seiner ziellosen Geschäftigkeit über die Unausweichlichkeit des Todes hinweg.

Seine gesamte „absonderliche Lebensweise“ (S. 49) ist also Ausfluß seiner Todeserwartung. Der Tod ist das „Geheimnis“ (S. 49), das er ergründen will.

Der zeitraffenden Schilderung des bisherigen Lebenswandels Herrn G.s. folgt im zweiten Teil der Geschichte die phantastische, zeitdeckende Schilderung seines Todes.

Die bislang so verachtete Welt, die Natur, führt den realen Tod in einer Weise vor, die einer psychologischen Tatsache Rechnung trägt; der Erfahrung nämlich, daß inhaltsleere Zeit aktual zwar nur schleppend verrinnt (die Zeit der jahrelangen Reisen G.s), im Nachhinein jedoch dahingerast zu sein scheint, weil die Erinnerung keine Orientierungspunkte findet, die ein zeitliches Nacheinander strukturieren könnten.

Das in einem Zeitraffer zusammengefaßte Werden und Vergehen der Natur ist sozusagen die nachträgliche Strafe für menschliche Tatenlosigkeit zu Lebzeiten. Es verdeutlicht, daß Herr G. auf die „einsamste, trübsinnigste Art der Welt“ (S. 48) gealtert ist, nämlich ohne etwas Sinnvolles vollbracht zu haben.

Angesichts des Todes erhalten bislang übersehene Alltäglichkeiten neue Bedeutung. Der geringgeschätzte Kutscher beginnt zu singen, eine ,,wilde, würzige Luft" (S. 49) strömt in den Wagen. Herr G. nimmt all dies überhaupt nur aufgrund einer inneren Unruhe wahr, die den Tod ankündigt.

Herr G. verläßt nun die Kutsche, seinen Panzer, der ihn gegen die Welt gleichgültig bleiben ließ (vlg. Titel). Er bewundert die in praller Lebensfülle sich darbietende Natur. ,,Sie war ungemein fruchtbar, das stand fest. Ihr Laubwerk glänzte, tiefgrün, gelackt, wie nach einem Gewitterregen." (S. 50)

Der Zeitraffer führt Herrn G. vor, wie die Natur ihrer Vorherbestimmung gemäß in einem endlosen Prozeß, das heißt ohne endgültigen Tod, die Zeit *sinnvoll* ausfüllt; fruchtschwere Halme, sich selbst kelternde Trauben, eierlegende Vögel.

Herr G. sucht dem Tod zu entkommen. Vor dem reißenden Fluß versucht er, in die Kutsche zu fliehen, in seinen alten Zufluchtsort, der ihn vom Leben entfremdete. Doch die Kutsche ist zu Staub zerfallen, mit ihr die Illusion Herr G.s, wohlvorbereitet in den Tod gehen zu können.

Dem Tod ist kein Sinn abzuringen. Man kann sich nicht auf ihn vorbereiten. Er ist Abschluß des Lebens. Wir fürchterlich also, der Sinnlosigkeit des Todes ein ebenso sinnloses Leben vorangesetzt zu haben. Herr G. hat die jedem Menschen mehr oder weniger verfügbare Entscheidungsfreiheit über sein Leben schlecht genutzt. Diese Erkenntnis verdüstert ihm seinen Tod, spült alle intellektuelle Überheblichkeiten Herrn G.s über die Sinnlosigkeit des Lebens hinweg. Was bleibt, ist nackte Furcht.

Der offene Anfang der Kurzgeschichte wird nachträglich, beginnend nach den zwei ersten Absätzen, gewissermaßen zurückgenommen, indem der Leser ausführlich über die Vorgeschichte informiert wird. Auktoriales Erzählen (S. 48, 2. und 3. Absatz), personale Erzählweise und objektiv-unmittelbare Erzählform wechseln häufig, wobei die personale Erzählsituation dominiert. Der zweite Teil etwa ist durchgängig von Herrn G.s Wahrnehmungen geprägt. Herr G.s Tod läßt einen offenen Schluß nicht zu.

Die Kurzgeschichte trägt stark parabolischen Charakter, wenn man sie nicht richtiger überhaupt als Parabel bezeichnen sollte.

Siegfried Lenz, Der große Wildenberg
(Reclam S. 51-56)

Arbeitsfragen:

1. Wodurch unterscheidet sich Wildenberg von Dr. Setzki und Dr. Petersen?
2. Welche gegensätzlichen Stile der Unternehmensführung verkörpern sich in diesen Personen?
3. In welchem Verhältnis stehen Name und äußere Erscheinung Wildenbergs zueinander? Was will Lenz damit ausdrücken?

4. Welche Funktion ist der Beschreibung der Fabrikgebäude und der Schilderung des Wetters beizumessen?
5. Welche Funktion hat der Pförtner in dieser Kurzgeschichte? Analysieren Sie seine Äußerungen und sein Verhalten! (Lesen Sie dazu Walsers Kurzgeschichte ,,Die Klagen über meine Methoden häufen sich"! (Reclam S. 74-79))
6. Vergleichen Sie Lenz' Kurzgeschichte mit Eisenreichs Kurzgeschichte ,,Am Ziel"! (Diesterweg S. 69-72)

Vermutlich auf sein Bewerbungsschreiben hin erhält der arbeitslose Ich-Erzähler eine Einladung zu einem Vorstellungsgespräch in der Fabrik. Offenbar befindet sich der Erzähler in bedrängter Lage, denn sofort nach Erhalt des Briefes fährt er hinaus zum Werk.

Der zunächst abweisende Pförtner, verärgert durch die Schüchternheit des Besuchers (,,ich schwieg.") S. 52)), wird zum mitleidigen, wenn auch etwas spöttischen Ratgeber, als der Ankömmling seine Bitte vorträgt, Wildenberg sprechen zu wollen. ,,Der große Wildenberg" (Überschrift S. 51), ,,der in schweigender Einsamkeit, hinter fernen Türen, seine Entschlüsse fasse" (S. 53), sei zu beschäftigt und heute nicht mehr zu sprechen.

Der Erzähler kehrt um, ohne sein Ziel erreicht zu haben.

Als er anderen Tages an die (vermeintlich) untergeordneten Angestellten verwiesen wird, erweist sich, daß auch er der Unternehmerromantik verfallen ist: ,,Ich empfand fast ein wenig Furcht bei der Vorstellung, in wenigen Sekunden Wildenberg gegenüberzusitzen, ich spürte, wie auf den Innenflächen meiner Hände Schweiß ausbrach, und sehnte mich nach dem Zimmer der Sekretärin zurück." (S. 54) Diese Furcht ist Resultat der Lobreden, die Dr. Setzki auf Wildenberg angestimmt hat. Doch das Bild des ,,große(n) einsame(n) Arbeiter(s)" (ebd) ist bereits lädiert: Der Manager kann nicht umhin, seinen Unwillen über die ineffektive Arbeitsweise des Chefs anzudeuten. Wildenberg ,,versichere sich aller Dinge mehrmals und verhindere dadurch, daß man einen genauen Tagesplan einhalten könne". (ebd) Obwohl dies nicht offen ausgesprochen wird, erkennt der Erzähler doch den mangelnden Respekt: ,,Als ich allein war, dachte ich noch einmal an seine Worte, hörte noch einmal seinen Tonfall, und jetzt schien es mir, als sei die Bewunderung, mit der er von Wildenberg gesprochen hatte, heimliche Ironie." (ebd)

Einen unmerklichen Knacks erhält dieses Selbstbewußtsein des Untergebenen in den Augen des Lesers durch die beiläufige Bemerkung der Sekretärin über Dr. Petersen, das Pendant zu Dr. Setzki: ,,Sie konnte nicht sagen, wann er wieder zurück wäre, aber sie glaubte zu wissen, daß es nicht zu lange dauern würde; dafür meinte sie, seien Sitzungen zu anstrengend. Sie lachte vielsagend und ließ mich allein." (ebd) Offenbar klaffen auch bei dieser neuen Generation der Unternehmer, bei den faktischen, nicht titularischen Fabrikherren, Anspruch und Wirklichkeit auseinander.

Wildenbergs Auftreten kann den Leser nicht sehr überraschen. Die anonyme Macht der Aktiengesellschaften, Trusts und Konzerne ist diesem ,,kleinen, leidvoll lächelnden Mann" (S. 55) über den Kopf gewachsen.

Lenz vermenschlicht in der Person Wildenbergs, in ihrem Äußeren und Verhalten, die Unzeitgemäßheit der traditionellen Unternehmensführung des 19. und beginnenden 20. Jahrhunderts. Er karikiert zugleich die Hochachtung der Gesellschaft vor diesem Schemen. Wildenberg ist ein Pensionär, ein Rentner, der sein Geld als Schauspieler verdient. Und er darf ein schlechter Schauspieler sein, weil die Entdeckung der Öffentlichkeit, daß sie sich ein falsches Bild von Wildenberg gemacht hat, wohl nur bewirken würde, daß Leute wie Setzki oder Petersen endlich auch offiziell die Position erhalten würden, die sie faktisch schon längst einnehmen. Da ist das ,,schüchtern(e)'', ,,gichtige'' (S. 55) Männlein, das mit seinem ,,randlosen Zwicker'' (ebd) fuchtelt, nicht mehr als potentieller Mitbewerber gefährlich; es kann getrost der Lächerlichkeit preisgegeben werden. Den beredsamen Nachfolgern, die mit ihren Untergebenen auf eine viel ungezwungenere Weise umzugehen verstehen (Setzki ,,verabschiedete sich schließlich, indem er mir die Hand flüchtig auf die Schulter legte''. (S. 54)), erscheint äußere Repräsentativität überflüssig. Etwa hinter einem ,,riesigen Schreibtisch'' (S. 55) zu residieren, ist im Zeitalter der Partnerschaftsideologie nicht mehr modern.

So bleibt Wildenberg denn auch nichts anderes übrig, als seine Überflüssigkeit zu beklagen und ziellos auf seinem ,,leeren Schreibtisch'' (ebd) zu fuhrwerken. Es ist die ,,Einsamkeit'' (ebd) eines von der Entwicklung Überholten. Was er noch zu tun hat, ist sinnlos: ,,er bekomme zwar, sagte er, gelegentlich etwas zur Unterschrift vorgelegt, aber nur, um sich nicht so einsam zu fühlen, denn man entreiße es ihm sofort wieder''. (S. 55/56) Aber eine Funktion erfüllt er doch noch, allerdings ohne es zu wissen: er stellt den Blitzableiter dar, wenn es einmal zu Unzufriedenheit mit der Unternehmensführung kommen sollte, sei es unter den Arbeitenden oder in der Öffentlichkeit. ‚Wildenberg ist verantwortlich', können Leute wie Setzki oder Petersen dann sagen. Und vielleicht fügen sie hinzu: ‚Wildenberg muß gehen.' Dann wäre endlich Identität von Sein und Schein hergestellt, dann säßen Setzki oder Petersen an Wildenbergs Stelle, vermutlich an einem kleineren, dezenteren Schreibtisch.

Ob der Erzähler nun eingestellt wird, bleibt offen, denn über diese Frage hat der in Selbstmitleid versunkene Wildenberg nicht gesprochen, wohl weil er weiß, daß nicht *er* die Entscheidung fällt.

Christoph Meckel, Die Vampire

(Reclam S. 56-59)

Arbeitsfragen:

1. Mit welchen Mittel stützt der Autor die Glaubwürdigkeit der Kurzgeschichte?
2. Ist der Tod des alten Mannes Zufall oder Folge seiner Schießkunst?
3. Welche Funktion erfüllt die Freizeitindustrie heutzutage?

4. Vergleichen Sie diese Kurzgeschichte mit Kusenbergs ,,Herr G. steigt aus''(Reclam S. 46-51) und Kunerts ,,Lieferung frei Haus'' (Reclam S. 40-46)!

Die gesellschaftskritische Absicht des Autors verdeutlicht sich in der vom Leser zu leistenden Kontrastierung des uralten Menschheitstraums vom ewigen Leben mit seiner Pervertierung im Geschehen der Kurzgeschichte: Die Menschen wollen ihr Leben durch das Abschießen der Bälle *verkürzen*.

Weist die Transparentaufschrift ,,Übernehmen Sie selbst das Handwerk Gottes!'' (S. 56) noch auf die Absicht hin, das Leben unbeeinflußt von religiöser Ideologie im Vertrauen auf die eigene Kraft zu gestalten, so zeigt das konkrete Umfeld — Jahrmarktsbude, Harlekine — die Erniedrigung dieser Forderung zu einem bloßen Zeitvertreib. Dem entspricht die Auswechselung der Zielvorstellung: nicht mehr um eine sinnvolle Lebensgestaltung geht es, sondern um eine gewollte Lebensverkürzung. Menschen, die sich, wenn auch nur zum Spaß, auf ein solches Vorhaben einlassen, zeigen damit zugleich die Auflösung einer menschlichen Gesellschaft an, die ihren Mitgliedern keine sinnvollen Aufgaben mehr stellt, ihnen statt dessen den Selbstmord spielerisch nahelegt.

Diese Interpretation muß keineswegs zwingend sein, weil der Erzähler nur ,,versuchte zu begreifen, was vorging''. (S. 56) Das gelingt ihm jedoch nicht, wahrscheinlich deshalb nicht, um den Leser nicht von Deutungsversuchen zu entlasten.

Nachdem der erste Pistolenschütze sein Leben um 123 Tage verkürzt hat, gratuliert ihm die anonyme ,,krächzende männliche Stimme'' (S. 57) zynisch ,,im Namen unseres zahlreichen Publikums''. (ebd) Hier wird deutlich, daß Meckel seine Gesellschaftskritik durch die Budenmannschaft artikulieren läßt.

Nachdem der ,,ältere Herr'' (ebd) sein ganzes zukünftiges Leben mit ,,einigen hundert fehlerfreien Schüssen'' (ebd) verausgabt hat, folgt die hintergründige Drohung: ,,noch ein Schuß und wir sprechen uns an der Kasse wieder!'' (ebd) Offenbar hat sich der Herr in den Augen der Budenbelegschaft entschlossen gezeigt, sein Leben zu verschleudern. Um ihm gefällig zu sein, gibt man ihm Gelegenheit, auf einen ,,nicht numerierte(n) Holzball'' (ebd) zu schießen. In diesem Ball steckt vermutlich die noch verbliebene Zeit, seine Zerstörung führt unmittelbar zum Tod. So geschieht es denn auch. Der Mann quittiert die verschossene Zeit und stirbt.

Wenn man versucht, Aussehen und Verhalten der Harlekine und der Dame an der Kasse zu deuten, so hat man als einzig verläßliche Stütze den Titel der Kurzgeschichte heranzuziehen: es sind Vampire, die sich umgehend der Leiche bemächtigen, vermutlich, um ihr später das Blut auszusaugen. Ob die Verteilung der Murmeln und der Ballsplitter eine symbolische Vorwegnahme dieser Absicht ist, oder ob die Harlekine sich mit diesem ‚Blutersatz' zufriedengeben müssen, etwa weil die Kassiererin allein über die Leiche verfügt, bleibt offen. Auch die Herkunft und die Biographie des merkwürdigen Personals bleiben im Dunkeln. Sie werden einfach nur beschrieben: ,,alte, uralte Gestalten mit zitternden Beinen und nickenden Köpfen''. (S. 58) Jedenfalls entsprechen sie nicht dem gewöhnlichen Bild des Lesers von Vampiren. Sie sind selbst blutleer, wandelnde Leichen. Drei Deutungsmöglichkeiten bieten sich an:

1. Die Vampire haben Schwierigkeiten, an frisches Blut zu kommen. Diese Interpretation ist sachlogisch wenig plausibel, würde sie doch darauf schließen lassen, daß die Menschen ihr Leben nur zögernd verkürzen. Der ältere Herr wäre dann nur eine seltene Ausnahme.

2. Die Vampire leiden unter ihrer Tätigkeit. Sie sind keineswegs blutgierig, vielmehr Vollstrecker der inneren Wünsche der Menschen, die ihr Leben fortwerfen. Die Harlekine wären dann als das zweite Ich der Schützen zu verstehen, wobei dieses zweite Ich zum einen die Furcht vor der Häßlichkeit des Alters und des Todes verkörperte, zum anderen der Unzufriedenheit der Menschen mit einem sinnlosen Leben gegenständlichen Ausdruck verliehe.

3. Man kann die Geschichte als Sinnbild dafür sehen, daß anerkannte Leistungen (hier: Volltreffer) und der Genuß, sie zu vollbringen, eine derartige Suggestivkraft entfalten, daß der Vollbringer die tödliche Wirkung, die von Leistungen und Genuß schließlich zu erwarten sind, wie unter Zwang außer acht läßt. Reale Anreger für die Geschichte gibt es bis in banale alltägliche Lebensführung hinein, man denke an Rauchen und Alkoholgenuß.

Das offene Ende ist deprimierend und läßt keinen Platz für die Hoffnung, daß die Menschen irgendwann einmal eine andere Einstellung zu ihrem Leben gewinnen könnten: „... da es hier nichts weiter zu sehen gab, entfernte ich mich und ging nach Hause." (S. 59)

Christa Reinig, Skorpion
(Reclam S. 59-60)

Arbeitsfragen:

1. Wie deuten Sie den Umstand, daß der Mensch, der zunächst nur metaphorisch als Skorpion bezeichnet wird, am Ende einen wirklichen Giftstachel besitzt?
2. Halten Sie die Kritik für berechtigt, daß Reinig Vorurteile bekräftigt statt sie abzubauen?

Der Mann, der in der Kurzgeschichte Skorpion genannt wird, martert sich mit Vorurteilen. Nach dem Muster allzu gängiger Primitivpsychologie schließt er von seinem Aussehen auf seinen Charakter. Die brutale Selbstanalyse überfällt den Leser geradezu. Der zunächst sachlichen, gewissermaßen objektiven Beschreibung seines Ansehens setzt der Skorpion in Form eines inneren Monologes eine ‚volkstümliche' Deutung hintan. Wie Paukenschläge fallen die Sätze und verdeutlichen so sprachlich die vermeintlich zwingende Logik der Interpretation. Wie sich allmählich das Gesicht des Skorpions aus den Einzelheiten zusammenfügt, so parallel dazu sein vermeintliches Wesen. Obwohl dieses Wesen im Gegensatz zu der Eingangsbemerkung steht „Er war sanftmütig und freundlich" (S. 59), scheint die folgende Präzisierung doch beweiskräftiger, weil sinnlich überprüfbar.

Wenn der Skorpion sagt: „Ich bin kein guter Mensch" (S. 59), so ist aus dieser Bemerkung seine innere Verzweiflung herauszuhören. Diese Deutung könnte für sich allein nicht bestehen, wenn nicht die Verhaltensweisen des Skorpions diese innere Zerrissenheit unterstrichen: zum einen seine Flucht in die Bücherwelt, zum anderen seine Reaktion gegenüber anderen Menschen. Die Verinnerlichung gesellschaftlicher Vorurteile zwingt ihn dazu, gut zu sein. Die fünf Merkmale seines Kopfes, die er eingangs analysiert hat, ruft sich der Skorpion jeweils in Erinnerung, wenn er — wider Willen — in Kontakt mit anderen Menschen gerät. Es ist diese Erinnerung, und nicht etwa eine ‚angeborene' oder rational erarbeitete Moral, die ihn ehrlich, höflich, zuvorkommend handeln läßt.

So kann der Leser fatalerweise den Eindruck gewinnen, daß der Skorpion im Grunde seines Herzens tatsächlich schlecht ist, sein Aussehen also wirklich seinen Charakter widerspiegelt. Das lobenswerte, vorbildliche, zum Teil sogar übertrieben entgegenkommende Verhalten des Skorpions wäre dann nicht eigenem Antrieb zuzuschreiben, sondern dem Wunsch, an der eigenen Person Vorurteile zu widerlegen oder sich zwanghaft, das heißt eigentlich unwillentlich, der eigenen Unbescholtenheit zu vergewissern.

Diese gefährliche Schlußfolgerung wird durch das Ende der Geschichte bedauerlicherweise bestätigt. Denn als der Skorpion zum erstenmal spontan reagiert, indem er sich bei dem Buchhändler für die ihm erwiesene Freundlichkeit bedankt, tötet er mit einem Stachel des einzigen Menschen, der ihm uneigennützig begegnete. Es steht zu befürchten, daß der Leser dies so deutet, daß Ansehen und Charakter sich tatsächlich entsprechen.

Man könnte der Kurzgeschichte eine positivere Deutung abringen, wenn man die psychische Belastung des Skorpions durch Vorurteile als Entschuldigung für den schließlichen Ausbruch ins — ungewollte — Böse gelten läßt. Man könnte darauf spekulieren, daß der Skorpion ohne diese Belastung zwar kein so übertrieben menschenfreundliches Verhalten an den Tag gelegt hätte, sich andererseits aber auch nicht zu solch übertrieben herzlichen Dankesbezeugungen hätte hinreißen lassen, die dann den Tod eines Menschen zur Folge haben.

Aber selbst eine solche angestrengt wohlwollende Deutung führt letztlich dazu, der Autorin die Forderung nach dem unauffälligen Dutzendmenschen anzulasten.

Wolfdietrich Schnurre, Auf der Flucht
(Reclam S. 60-65)

Arbeitsfragen/Aufgaben:

1. Untersuchen Sie die Naturschilderungen im Text im Hinblick auf ihre Funktion für die Erzählung!
2. Untersuchen Sie den Satzbau im Hinblick auf seine Funktion für die Aussageabsicht des Verfassers!
3. Schnurre schreibt einmal: Im Mittelpunkt der Kurzgeschichte ,,(...) steht der Mensch. Nicht der Mensch, wie er sein könnte, sondern der Mensch, wie er *ist*: geschunden, verfolgt, schuldbeladen, heimgesucht und verflucht". (in Theorie, a.a.O., S. 26) Trifft diese Aussage Ihrer Meinung nach auf Schnurres eigene Geschichte zu?
4. Ist diese in der Nachkriegszeit (Kriegszeit?) angesiedelte Geschichte Ihrer Meinung nach auf die Gegenwart übertragbar?

Hinweise zur Interpretation:

Eine Familie ist auf der Flucht, ziellos und heimatlos. Man erfährt nicht, ob der Krieg bereits beendet ist oder ob das Ehepaar und sein Kind sich durch Nachkriegswirren hindurchzuschlagen haben.

Die Eltern sind in Apathie versunken. Einzig das nach Nahrung schreiende Kind vermag beim Manne die letzten Kraftreserven zu mobilisieren. Zwar versucht die Frau, tapfer zu sein (,,Sie versuchte zu lächeln, es gelang ihr nicht", S. 61), doch diese Tapferkeit ist sinnlos und wird daher auch nicht durchgehalten. Der Hunger, zu Beginn als einziges Charakteristikum der Situation der Personen herangezogen (,,...es hatte Hunger ... Auch die Frau hatte Hunger ... Der Mann hatte auch Hunger.", S. 60) macht die Menschen nahezu sprachlos. Die Dialoge wirken deshalb abgehackt, wie mit letzter Kraft hervorgestoßen.

Angesichts des Kindes entschließt sich der Mann, nach Nahrung zu suchen. Fast besinnungslos vor Schwäche (,,er ging .. er kam .. er lief .. er setzte sich .. er fiel herunter .. er taumelte ins Haus .., S. 61) findet er in einem verlassenen Haus ein halbes Brot. Es muß wie ein Wink des Himmels erscheinen, in dieser öden Gegend das Brot zu finden, denn es erscheint zunächst irreal, daß die Menschen, die einst in dem Haus gewohnt haben und es aufgrund der Kriegswirren verlassen mußten, bei ihrer Flucht gerade das so kostbare Gut liegen gelassen haben sollen. So ist denn auch das Vorhandensein des Brotes als eigentlicher Kunstgriff des Autors zu sehen; es ist Mittel zur Versuchung des Mannes, die Schnurre benötigt, um seine Intention deutlich machen zu können.

Noch während der Mann sich auf den Rückweg macht, um — wie selbstverständlich — seiner Familie das Brot zu bringen, bringt ihn das einsetzende Gewitter in moralische Bedrängnis, denn das Brot scheint dem Regen zum Opfer zu fallen: ,,Da begriff er: Frau hin, Frau her; er hatte die Wahl jetzt: entweder es sich auflösen zu lassen oder es selber zu essen." (S. 63) Der anfängliche

Zweckoptimismus des Mannes („Ich werde warten..., S. 63) verfliegt rasch, der Regen scheint das Brot zu verderben. Dabei drückt Schnurre die wachsende innere Pein des Mannes durch die Verwendung einer Klimax sprachlich aus („Es war weich; es trieb auf; es blätterte ab.", S. 62)

Schließlich ißt er das Brot („Er ergriff es mit beiden Händen... So aß er es auf.", S. 63), ohne auf den sich aufhellenden Himmel und den nachlassenden Regen zu achten. Er befindet sich in einem rauschartigen Zustand: „Hunger, dachte *es* in ihm, Hunger. Und: Brot dachte *es*, Brot." (S. 63) Dieser Zustand (*es* denkt in ihm, *nicht er* denkt) läßt ihn auch den Blick verlieren für die äußere Welt, die ihm ankündigt, daß das Brot doch noch zu retten wäre. Wenn der Mann das Brot verschlingt, ist bereits seine (Selbst-)Rechtfertigung hinfällig: nicht mehr, wie er sich weiszumachen sucht, um das Brot vor der völligen Auflösung zu bewahren, ißt er es, sondern aus Hunger, aus ganz banalem und deshalb so verständlichen Hunger. Seine anfänglichen Gewissensbisse hat er überwunden.

Aber ist er moralisch zu verurteilen? Heißt es doch im Text: „Er sah nicht den Himmel..der nachließ." (S. 63) Während er das Brot ißt, gilt *subjektiv* seine — plausible — Rechtfertigung. Kann man ihm vorwerfen, daß er in seiner Situation, seiner Gemütslage, nicht auf das Wetter, auf den nachlassenden Regen geachtet hat? Schnurre läßt diese Frage unbeantwortet.

Auf dem Weg zu seiner Familie plagen den Mann erneut heftige Gewissensbisse, die sich gegenüber der Frau in seiner Notlüge offenbaren („Ich habe nichts gefunden", sagte der Mann..", S. 64) Schnurre stellt der Unehrlichkeit des Mannes das Vertrauen der Frau gegenüber („Das macht nichts", sagt diese ja, als er ohne Nahrung zurückkehrt, vergl. S. 64), die ihren Mann mit dem Gruß „Schön, daß du da bist" (S. 64) empfängt.

Auf die eher beiläufige Frage des Mannes nach dem Zustand des Kindes (Ausdruck seiner Unsicherheit und seines schlechten Gewissens?), antwortet die Frau nur mit einem „Es ist müde". (S. 64) Der Leser kann aus dieser Antwort der Frau und aus seiner Kenntnis des Schlusses der Geschichte heraus ahnen, daß das Kind bereits tot ist. Unter dieser Voraussetzung kann der letzte Satz der Geschichte („Warum sollte ich dich wecken?", S. 65) als eine (unwillentliche) Anklage des Vaters erscheinen, der ja tatsächlich das Wohl des Kindes hintangestellt hat, als er das Brot aß. Nun, da es tot ist, ist die Frage des Vaters („Warum hast du mich nicht geweckt?", S. 65) sinnlos.

Am Beispiel des Mannes beleuchtet Schnurre exemplarisch die Schuldverstrickung des Menschen in Notsituationen und stellt den Leser vor das Problem, ob angesichts unmenschlicher Bedingungen die Frage nach individueller Schuld überhaupt sinnvoll gestellt bzw. beantwortet werden kann.

Günter Seuren, Das Experiment
(Reclam, S. 65-68)

Arbeitsfragen/Aufgaben:

1. Welche Funktion kommt Ihrer Meinung nach dem Dialogpartner des ,,Rückwärtsgehers" zu?
2. Deuten Sie das ,,historische Beispiel" des ,,Rückwärtsgehers" (S. 66 Mitte) und die Antwort des Begleiters!
3. Ist Ihrer Meinung nach das ,Experiment' gescheitert?
4. Zeigen Sie am Beispiel des ,,Rückwärtsgehens" auf, daß in ästhetischen Texten (fiktionalen Texten) die Bedeutungsvielfalt einzelner Textkonstituenten entgrenzt wird, indem Sie die Symbolhaftigkeit des Vorgangs dechiffrieren!

Hinweise zur Interpretation:

Seuren konfrontiert in seiner Geschichte einen ,,Normalbürger" und einen Außenseiter. Der Außenseiter hebt sich von der Masse dadurch ab, daß er rückwärts geht, zwar bewegt er sich ,,langsamer als die anderen, aber stetig wie ein Krebs im Rückwärtsgang." (S. 65) Nach Aussage des Rückwärtsgehers hat diese neue Gangart bei ihm zu einer Bewußtseinserweiterung geführt: ,,... wenn man immer nur rückwärts geht, verengt sich der Weg. Als ich anfing, rückwärts zu gehen, sah ich die übergangenen und übersehenen Dinge, ich hörte sogar das Überhörte." (S. 65) Zudem beteuert er, daß er kein ,,Träumer" sei und daß man Logik nicht von ihm erwarten dürfte (vergl. ebd).

Die merkwürdige Gangart symbolisiert mancherlei. Zum einen wohl die Abneigung gegen die gängigen Ideale der Zeitgenossen, zu denen — bleiben wir beim Bild der Gangart — das *Vorwärtskommen* gehört, das zielstrebige Anvisieren in der Gesellschaft opportuner Wertmaßstäbe (Karriere etwa). Der Krebsgänger verzichtet auf das Erreichen solcher Ziele — ja, er stellt nicht einmal andere Ziele dagegen; er begnügt sich mit der Erforschung dessen, was übersehen oder geringgeschätzt wird. Der Mann ist — modern gesprochen — ein ,,Aussteigertyp" aus der uniformierten, an Konsum orientierten, leistungsbewußten Super-Gesellschaft.[35])

Daß der Aussteiger dabei nicht über eine Alternativkonzeption verfügt, die er gar noch mit messianischem Eifer an den Mann bringen will, erscheint ihm in seiner Selbstgenügsamkeit nicht als Mangel. Er begnügt sich damit, glücklich zu

[35]) Die Zahl derer, die als ,,Aussteiger" am Rand unserer Gesellschaft leben oder aufgrund ihrer psychischen, sozialen, ethnischen oder materiellen Situation an diesen Rand gedrängt werden, ist in der Bundesrepublik allerdings höher, als man gemeinhin annimmt. So hat nach der Enquete der Bundesregierung im Jahre 1975 die Zahl der seelisch Kranken und gestörten Menschen etwa 11 Millionen erreicht, die Zahl der Alkoholkranken lag bei etwa 1,8 Millionen, die der Drogen-Dauerkonsumenten bei 40 000. Zu den Nicht-Seßhaften wurden 70 000 Menschen gezählt. (alle Zahlen nach Hermann Müller, Sozialisation und Individualität, München 1977, S. 36/37)

sein. Auch der unverkennbare Spott und die Verständnislosigkeit seines Begleiters können ihn in seiner Selbstsicherheit (oder Selbstgenügsamkeit) nicht erschüttern.

Ihm geht es nur darum, ,,verstanden" zu werden (vergl. S. 67 oben) und Aufmerksamkeit auf sich zu lenken (vergl. S. 66 unten). Er ist sich seiner Sache dermaßen sicher, daß er behauptet, niemals mehr mit einem Normalgeher zusammenzustoßen.

Daß dies eine Illusion ist, erweist sich im zweiten Teil der Geschichte. Er wird angefahren und liegt ,,wie eine vom Himmel gefallene Marionette auf dem Asphalt." (S. 67)

Noch im Tod bekräftigt er seinen Optimismus und fordert seinen Begleiter auf, es auch einmal mit der neuen Gangart zu versuchen. Dieses Ansinnen müßte dem Leser weltfremd erscheinen, wenn sich nicht am Schluß — und dies mag als eigentliche Pointe angesehen werden — herausstellte, daß er keineswegs der einzige ist, der auf diese skurile Weise versucht, seine persönliche Integrität und einen kleinen Rest ursprünglicher Menschlichkeit zu wahren. ,,Das ist schon der vierte heute, der das versucht" (S. 68), sagt der Polizist. Diese Aussage verschafft urplötzlich dem Anliegen das Rückwärtsgehen nicht nur größere Sympathie beim Leser, sondern verringert auch dessen Skeptizismus gegen eine auf den ersten Blick so lächerlich und hilflos wirkende Weise, Individualität zu retten. Die Frage des Polizisten ,,Was ist nur mit den Leuten los?" (S. 68) wird somit an den Leser weitergegeben, der sie verwandeln kann in die Frage: welcher Art ist die Gesellschaft, die einzelne zu solchen Reaktionen treibt?

Oliver Storz, Lokaltermin
(Reclam, S. 68-74)

Arbeitsfragen/Aufgaben:

1. Unterstreichen Sie im Text all die Stellen (v. a. S. 68-71 Mitte), an denen der Erzähler Aussagen über das Mädchen macht!
   Charakterisieren sie aufgrund dieser Aussagen
   a) das Mädchen und
   b) die Beziehung des Mädchens und des Mannes!
2. Die Kurzgeschichte ist in der personalen Erzählsituation geschrieben. Kommt der Wahl dieser Erzählsituation im Hinblick auf das Erzählte eine besondere Bedeutung zu? (Überlegen Sie z. B., ob die Geschichte auch von einem Ich-Erzähler erzählt werden könnte!)
3. Beurteilen Sie
   a) die Reaktionen der Bevölkerung und des Mädchens auf den (potentiellen) Mörder und
   b) die Reaktionen des Mannes auf das Verhalten des Mädchens!

4. Unterstreichen Sie Bilder, Metaphern und Vergleiche im Text. Sind diese sprachlichen Mittel Ihrer Meinung nach (im Zusammenhang des Textganzen)
   a) gekünstelter Ausdruck einer Schreibweise, die besonders literarisch erscheinen will,
   b) gut getroffen, um das Geschilderte anschaulich zu machen oder
   c) funktional in dem Sinne, daß sie zur Charakterisierung der Situation und der Personen (bes. des Mannes) dienen?
   Begründen Sie Ihr Urteil!

Hinweise zur Interpretation:

Zwei Menschen befinden sich auf einem Herbstspaziergang. Ein Mann und ein Mädchen, die sich im Krankenhaus (er als Patient, sie als Schwester) kennengelernt haben und zwischen denen sich eine Beziehung entwickelt hat. Das Mädchen lernen wir aus der Perspektive des Mannes kennen, und gleich zu Beginn der Geschichte wird deutlich, daß die Beziehung des Mannes zu seiner Freundin wohl keineswegs seinen Idealvorstellungen (Klischeevorstellungen?) einer Beziehung entspricht. Aus der Sicht des Mannes erscheint das Mädchen als Dummchen, wobei der Mann jedoch die Naivität ihres Gemüts kultiviert und ins Positive verkehrt, wenn er von ihrer ,,wortreichen, aber unaufdringlichen Nähe" spricht und ihre Platitüden mit dem Satz bewertet: ,,Ihre Banalitäten hatten die brutale Frische einer kalten Dusche nach durchzechter Nacht." (S. 69).
Daß der Mann seine Freundin nicht wirklich liebt, zeigen seine Gedanken. Er ist sich über den — an seinen Normen gemessen — spießbürgerlichen Grundzug ihres Wesens im klaren. Sie sammelt Kunstgewerbe besserer Art, liest sich durch die Lyrik, verfügt über eine Fotosammlung von Pferdeköpfen und gotischen Altären, hört Mozart, Corelli und Brahms. Daß aber diese (zumindest nicht unoriginellen) Hobbies nur Tünche sind, beweist die Charakterbeschreibung des Mädchens. Der Leser muß sich aus einem Puzzle für sich unverbunden bleibender Reflexionen des Mannes ein Bild des Mädchens zusammensetzen. Das Mädchen zahlt eine Isetta ab, wagt nur *heimlich,* für Rock Hudson und Anthony Perkins zu schwärmen, trinkt Alkohol nur *schlechten Gewissens,* akzeptiert Jazz nur, wenn die Musiker nicht rauschgiftsüchtig sind etc. (vergl. S. 69/70). Der Mann faßt seine Einschätzung zusammen, indem er das Mädchen als ,,Stifters Hinterlassenschaft" bezeichnet.

Dennoch ist er jetzt seit geraumer Zeit und zum ,,grenzenlosen Erstaunen seiner Freunde" (S. 69) mit dem Mädchen zusammen und ,,fühlt sich wohl" (ebenda).

Im zweiten Teil der Geschichte konfrontiert Storz seine beiden Protagonisten mit einem ,,Lokaltermin".[36]) Die Spaziergänger stoßen auf eine Menschenan-

[36]) einzugehen wäre hier etwa noch auf die Mehrdeutigkeit der Überschrift. Ein Lokaltermin soll ja an Ort und Stelle die Wahrhaftigkeit oder Falschheit von Aussagen an einem bestimmten Geschehen beteiligter Personen unter Beweis stellen. In dem Zusammenhang der gesamten Erzählung erweist sich das Ereignis am Ufer ja auch als ,,Lokaltermin" für die Beziehung zwischen dem Mädchen und dem Mann.

sammlung, die „anschwoll zu unförmigen Klumpen, dunkel und unappetitlich vor dem schimmernden Röhricht des Ufers: die fliegensummende Losung eines ungeheuren Getiers." (S. 70) Diese Abscheu andeutende Metaphorik stammt von dem Manne. Sie ist Ausdruck seiner Abneigung, „die unmündige Reinheit an seiner Seite einem Anblick von Gewalt, Blut oder Erbärmlichkeit auszusetzen." (70f). Ganz offensichtlich hat er seine Quasi-Analyse nicht zu Ende gedacht, denn dann hätte er nicht von der „unmündigen *Reinheit*" seiner Begleiterin schwärmen können. Wohl fühlt er sich dabei jedoch nicht. Er weiß um seine eigenen Illusionen: „Sollten die Literaten, die nach Desillusionierung und Demaskierung schrien, doch erst einmal beweisen: Cui bono?" (S. 71) Er weiß um die keimhaft erkennbare Niedertracht seiner Begleiterin, und doch will ersie nicht wahrhaben. Er rettet sich in eine oberflächliche „Geste wissenden Beschützertums" (S. 71), zieht sich also auf das überkommende Rollenkonzept des starken Mannes und der schwachen Frau zurück.

Daß dieses Rollenkonzept jedoch brüchig ist, zeigt das Verhalten des Mädchens, das gar nicht ‚mädchenhaft' ist. In Übereinstimmung mit dem „gerechten Volkszorn" (ebd.) plädiert sie fürs „Totschlagen" (S. 73) des Verdächtigen. „Einem solchen Kerl gehört's nicht anders." (ebd.) Glaubt der Mann zuerst, das Mädchen habe Angst (die geballte Faust, S. 72), so zeigt sich nun, daß die Faust Symbol des „gerechten" Zorns ist und Entschlossenheit dokumentiert.

Um die Belanglosigkeit des äußeren Eindrucks zu unterstreichen, gesellt Storz dem Mädchen einen dicken Mann in Knickerbockern zur Seite. Dieser law-and-order-Prophet („Wenn so einer mir in die Finger käme, da hätten wir leere Zuchthäuser" S. 73), ausgestattet mit einem „mit Bergsteigertrophäen beschlagenen Spazierstock" (S. 72) unterscheidet sich in seiner Grundhaltung in nichts von dem eher zarten Mädchen. Was er ingrimmig propagiert, verkündet sie mit einer „gebetsartigen Inbrunst." (S. 73) In den Zügen des Mädchens spiegelt sich „eine Spur von Mordlust." (S. 73) Ihre vormals „heilkräftigen Hände" (S. 69) werden zu einem „Schlaginstrument, zweckdienlich und zu jedermanns Verfügung." (S. 73)

Der Vorfall irritiert den Mann, erschüttert ihn zunächst in seiner Einstellung zu dem Mädchen; er dokumentiert Abneigung. Doch statt sein Unbehagen zu äußern, schweigt er, trotz ihres Drängens. Er weiß um den (aus seiner Sicht) wahren abstoßenden Charakter des Mädchens, doch er schweigt — und macht sich somit mitschuldig.

Sie gehen in das Zimmer des Mädchens, zurück in die Lebenswelt von „Bohnerwachs und Mottenpulver" (S. 74). „Es war alles wie sonst. Es hatte sich nichts gerührt. Und es war ja auch nichts geschehen." (ebd.) Mit diesen Phrasen sucht der Mann sein Schweigen und seine Irritationen in der Beziehung zum Mädchen zu überdecken und zu rechtfertigen. Er verhält sich wie alle anderen, nur weniger skrupellos.

Martin Walser, Die Klagen über meine Methoden häufen sich
(Reclam S. 74-79)

Arbeitsfragen:
1. Warum verzichtet Walser auf Dialoge?
2. Vergleichen Sie diese Kurzgeschichte mit Bölls „Es wird etwas geschehen" (Reclam S. 14-19) und Lenz' „Der große Wildenberg" (Reclam S. 51-56)!
3. Suchen Sie, ausgehend vom Beispiel des Pförtners, weitere gesellschaftliche Bereiche, in denen Widersprüche zwischen schnellem Betriebsablauf und langdauernden persönlichen Anliegen auftreten!

Gleich im ersten Satz verblüfft der Ich-Erzähler den Leser mit seinem Beispiel für mutiges Verhalten: es geht nicht etwa darum, einem Sparkassenräuber mutig entgegenzutreten, sondern ein mutiger Räuber zu sein. Sicherlich selbst für ein Kind ein außergewöhnlicher Berufswunsch. Da ist die Neigung, Förster werden zu wollen, schon weniger ausgefallen. Doch diese Angleichung an gängige Kinderwünsche wird sogleich dadurch wieder rückgängig gemacht, daß nach Meinung des Erzählers dieser Beruf ebenso großen Mut erfordert wie der eines Räubers. Man ahnt bereits zukünftige Verwicklungen dieses außergewöhnlichen Ich-Erzählers voraus.

Der ernste Hintergrund, gewissermaßen die ‚Botschaft' Walsers verbirgt sich in dem Bild des Mannes, der „alle mit einer geladenen Pistole im Bann hält, bis er hat, was er will, der dann noch lächelt und rückwärtsgehend plötzlich verschwindet". (S. 75) Mut beweist also, wer nur an sich denkt, wer sich das ihm vermeintlich Zustehende gewaltsam nimmt. Das Bekenntnis zum Kampf aller gegen alle ist Voraussetzung für's Überleben.

Der Erzähler wählt den Beruf des Pförtners, weil dieser ihm zu gewährleisten scheint, daß er sich aus diesem Kampf heraushalten kann. Die im Folgenden berichteten Ereignisse lassen ihn jedoch erkennen, „daß man sogar dazu den Mut eines Sparkassenräubers braucht. Jenen Mut, den ich bei mir immer noch vergeblich suche". (S. 79)

Zwar ist der Erzähler der Gefahr entronnen, in diesem Beruf „hochmütig" (S. 75) und „abweisend" (ebd.) zu werden, es zeigt sich aber, daß diese Eigenschaften zur Selbstbehauptung unerläßlich sind, daß sie einen ‚mutigen' Pförtner ausmachen. Die gewissermaßen mechanischen Verrichtungen (automatische Vorrichtung zum Öffnen von Türen, Verzeichnis der Telefonanschlüsse) bereiten dem neugebackenen Pförtner keine Schwierigkeiten. Probleme ergeben sich im Umgang mit den Menschen, obwohl er sich „nach Kräften" (S. 75) bemüht, seinen Dienst „gewissermaßen unbarmherzig" (ebd.) zu versehen.

Aus diesem Vorsatz resultiert wohl auch die unterschwellige Übernahme der Ideologie, die größtmöglichen Arbeitseinsatz im Dienste des Betriebes mit individueller Selbstverwirklichung gleichsetzt. Walser zerstört diese Ideologie, indem er den Erzähler diese Manipulation ernst nehmen läßt: „So vertrete ich — ich kann es nicht anders sagen — alle leitenden Herren des Hauses an der Pforte." (S. 77) Der Pförtner wird zum Betriebsleiter. Er ist es, der über die Kommunikationsabläufe und damit über die Geschäfte der Firma entscheidet. Damit stellt er

Pascal Lenoir

PASCAL L'ENOIR
11 RUELLE
DE CHAMPAGNE
60680 GRANDFRESNOY
FRANCE

10 XII 2000

32/99

M
ART

die herkömmliche Betriebshierarchie auf den Kopf, denn eigentlich ist es so, daß ,,jeder im Haus glaubt, er sei der Vorgesetzte des Pförtners. Der Pförtner hat keine Kollegen, er hat nur Vorgesetzte''. (S.75)

Die satirische Umkehrung dieser realen Pförtnerstellung entbehrt nicht der Situationskomik: ,,Oft muß ich darüber hinaus noch den Kopf mit dem Hörer weit weit zurückbiegen bis in das dämpfende Futter meines Mantels hinein . . .'' (S.76) Diese körperliche Verrenkung versinnbildlicht die Anstrengung des Erzählers, es allen recht zu machen, ohne es doch zu können.

Zwar glaubt er, die Entscheidung, wer vorgelassen werden soll und wer nicht, sachgerecht und ,,vollkommen ruhigen Gewissens'' (S.77) treffen zu können, doch die Betriebsorganisation gerät ob dieser Anmaßung aus den Fugen. Die Verlagerung der Entscheidungsbefugnis an die Pförtnerloge hat zur Folge, ,,daß schon eine halbe Stunde nach Geschäftsbeginn eine von Minute zu Minute länger werdende Schlange'' (S.77/78) am Eingang entsteht. Es kommt zu ,,Klagen über meine Methode, Besucher zu behandeln. Ich arbeitete zu langsam, zu schwerfällig, zu wenig sachlich . . .'' (S.78)

Diese Vorwürfe verunsichern den Erzähler nicht. Sie beruhen seiner Meinung nach auf Kurzsichtigkeit und Unkenntnis. Würde er nämlich die Besucher weniger freundlich behandeln, weniger ausführlich mit ihnen diskutieren, so würde ,,der Ruf der Firma (. . .) leiden, der Umsatz sinken.'' (ebd)

,,Wie aber soll ich die Besucher höflich davon überzeugen, daß die Firma sie nicht empfangen kann, wenn ich sie rasch abfertigen soll?'' (ebd) Von der Firmenleitung erwartet der Erzähler keine Hilfe in diesem ausweglosen Konflikt. Daß die Firma möglicherweise keinen Wert darauf legt, daß alle, die ein Anliegen haben, gleichermaßen zuvorkommend und mit ausführlicher Begründung abgewiesen werden, kommt dem Erzähler nicht in den Sinn. Er wird unsicher: ,,. . . ich schwitze, stammle, brauche länger als früher, erreiche nie mehr das Maß an Tröstung, das ich sonst in jedem Fall erreicht habe.'' (ebd) Das führt dazu, daß die Besucher seine Fürsorge nicht mehr zu würdigen wissen, daß sie wütend werden und fluchend die Türen schlagen.

Der Versuch des Pförtners, im Betrieb die Menschlichkeit zu wahren — und sei es nur in den Umgangsformen — ist gescheitert. Opfer dieses Scheiterns wird auch der Erzähler selbst. Als nicht wie vorgesehen funktionierendes Rädchen wird er entlassen. Sein Nachfolger ist ,,ein grober Mann mit einem lippenlosen Mund''. (S.79) Der Mund deutet auf eine Verkümmerung der Sprechbereitschaft hin. Dieser neue Mann wird so funktionieren, wie seine Vorgesetzten es erwarten, er wird nicht auf den Gedanken kommen, sich in seinem Beruf selbstverwirklichen zu wollen, indem er sich eine Entscheidungsfreiheit anmaßt, die ihm nicht zusteht.

Wer so unmenschlich sein will, seine eigene Person, seine Interessen und die der anderen Menschen zu verleugnen, braucht Mut. Mut ist verkehrt in Anpassung. Mutig ist, wer sich den gesellschaftlichen Normen anpaßt, wer sich einfügt und dennoch hofft, Mensch bleiben zu können. Denn zum Mensch-Sein gehört, so legt Walser nahe, daß man auf seiner Individualität beharrt. Mutig ist also, wer verleugnet, daß er ein Mensch ist, weil er es verleugnen muß, um überleben zu können, um Arbeit zu finden.

Durch die Sinnverkehrung des Begriffes ‚Mut' soll der Leser wieder zur wahren Bedeutung des Begriffes zurückgeführt werden, um sich gegen den organisierten Mechanismus einer auf Funktionieren getrimmten Leistungsgesellschaft wehren zu können.

Herbert Eisenreich: Am Ziel

Arbeitsfragen/Aufgaben

1. Mit welchen Kunstgriffen erhält Eisenreich die Spannung der Kurzgeschichte?
2. In welcher Form und mit welcher ‚Dauer' wird die Zeit zum Medium der Darstellung?
3. Deuten Sie den Titel der Kurzgeschichte „Am Ziel".
4. Können Sie die Entscheidung der Direktoren nachvollziehen?
5. Wie sieht Eisenreich das Verhältnis Mensch und Berufsleben?
6. Wie weit reicht der Mitteilungshorizont der Kurzgeschichte: a) in bezug auf Leben und Persönlichkeit Leisigers, b) in bezug auf die Arbeitswelt? Ist mit den in der Kurzgeschichte mitgeteilten Informationen Umfassendes gesagt?
7. Zu welchen Überlegungen über die Ausübung eines Berufes veranlaßt Sie Leisigers Schicksal?

Hinweise zur Interpretation:

Im Mittelpunkt der Kurzgeschichte steht Hans Leisiger, Oberinspektor der Vereinigten Zuckerfabriken AG, der sich der (trügerischen) Hoffnung hingibt, zum Prokuristen ernannt zu werden.

Ein Brief der Geschäftsleitung zitiert ihn für den folgenden Tag in den kleinen Konferenzsaal der Firma, wohin ihn die drei Herren der Direktion zu einer wichtigen Unterredung bestellen. Da Leisigers Konkurrent, der derzeitige Prokurist, Dr. Stiasny, sich seit mehreren Tagen nicht mehr in der Firma hat sehen lassen, ist es für Leisiger eine ausgemachte Sache, daß der Inhalt der für ihn „höchst bedeutsamen Eröffnung" nur seine Beförderung sein kann.

Leisiger beschreibt Dr. Stiasny als „armselig", „blaß-zerbrechlich" und „teetassenhäutig". Dr. Stiasny erscheint allerdings nicht persönlich im Verlauf der Geschichte. Er ähnelt hierin einem literarischen Vorbild, nämlich dem „Nachbarn" in Franz Kafkas gleichnamiger Erzählung. Da auch bei Kafka der „Nachbar", weil nicht real erfaßbar, in den Gedanken, Vorstellungen und Phantasien des Ich-Erzählers zur bedrohlichen Figur heranwächst, spürt der Leser, daß der Situation nicht ganz zu trauen ist. Leisiger freilich erkennt diese Zeichen einer Bedrohung nicht. Er ist überschwenglich-optimistisch, denn nach seiner Einschätzung hat Dr. Stiasny das Spiel verloren.

Leisiger steht am Fenster seines Zimmers und blickt hinaus in den Abend: in Gedanken ziehen die letzten 10 Jahre seines Lebens an ihm vorbei, 10 Jahre, die gekennzeichnet waren durch den schon fast pathologisch zu nennenden Willen zum Aufstieg, dem er seine Kraft opferte und sein gesamtes Leben unterordnete („dreimal acht Stunden eines jeden Tages 10 Jahre lang hatte er dafür gelebt"). 10 Jahre, in denen er gegen Dr. Stiasny intrigierte und in denen er gegenüber seinen Vorgesetzten katzbuckelte („Seit er in der Firma war, hatte er mit allem, was er tat, gar nichts anderes getan, als den Ruf, das Ansehen, die Position des Dr. Stiasny (. . .) unterhöhlt, untergraben, unterminiert . . .".).

Dabei hatte er sich einer besonders perfiden — und wie Leisiger meint — auch erfolgreichen Methode bedient, um Stiasny herabzusetzen.

„Und hatte andererseits in den Sitzungen ausdrücklich für Stiasny plädiert (. . .), immer aber so fadenscheinig argumentiert, daß die Entkräftung der Argumente nicht ausbleiben konnte."

Zehn Jahre des Verzichts sollen sich nun, da er das zweiundfünfzigste Lebensjahr schon vollendet hat, endlich auszahlen, so hofft Leisiger! Nachdem er zunächst zum Inspektor, dann zum Oberinspektor befördert worden war, steht er nun vermeintlich auf dem Sprung zum Aufstieg in die Direktionsetage der Firma; der Sessel des Geschäftsführers scheint für ihn bereit zu stehen!

Doch der Augenblick des größten Triumphes soll für ihn nicht mehr sein als der Moment der größten Niederlage, und zwar in doppelter Hinsicht: Leisigers Körper rächt sich für den Raubbau und die Strapazen, die Anstrengungen und die Hektik, die nervliche, körperliche und geistige Anspannung der letzten 10 Jahre.

Die Zigarette noch zitternd in der Hand, sackt Leisiger zusammen und bleibt liegen wie ein „erbärmliches Häufchen". Die Haushälterin findet ihn tot am anderen Morgen, an dem Tag, der ihm doch seinen größten Triumph bringen sollte! Nicht Stiasny erweist sich also „armselig" und „zerbrechlich", wie Leisiger geglaubt hatte, sondern er selbst unterliegt als der Schwächere. An der Schwelle zum Erfolg besiegt ihn die Natur, so scheint es jedenfalls am Ende der ersten ‚Kabine' der Kurzgeschichte.

Doch — welche Ironie — es ist nicht nur die Natur, die Leisiger ‚zerbricht': Sein Tod bedeutet nur das vorweggenommene „Aus!", das ihm die Direktion bereiten wollte. Nicht die Beförderung, sondern die Entlassung stand auf der Tagesordnung der Konferenz! Leisigers Pläne und Intrigen sind durchschaut worden, Dr. Stiasny soll weiterhin den Posten des Prokuristen bekleiden (der technische Direktor dachte, „daß Leisiger eben doch ein Dummkopf war, wenn er glaubte, der erste und einzige zu sein, der auf solche Weise sich emporzuschrauben gedachte; er hätte wissen müssen, daß diese Methode bekannt ist; und daß man sich durch nichts so verdächtig macht wie durch ein Verhalten, daß sich zusammensetzt aus Objektivität und Kollegialität!").

Augenfälligstes Merkmal zahlreicher Kurzgeschichten ist die *Unabgeschlossenheit am Anfang und am Ende.* Abrupt setzt das Geschehen ein („Das war also der Abend, der Abend vor der Nacht zu dem Tag, der ihm den Triumph bringen sollte."). Unmittelbar führt uns der Autor in die Gedankenwelt des Oberinspektors Leisiger ein. Erst im Verlauf der Erzählung erfahren wir durch die Reflexionen und die Rückschau Leisigers auf sein Leben in den vergangenen 10 Jahren Einzelheiten, die uns diesen ersten Satz der Kurzgeschichte verständlich werden lassen.

Auch der Schluß ist unvermittelt und bleibt offen. Zwar findet die Geschichte mit dem Tod Leisigers und dem Sieg Stiasnys im Konkurrenzkampf einen Abschluß, doch hat sie kein Ende: das Direktorium der Vereinigten Zuckerfabriken AG geht zur Tagesordnung über, obwohl man soeben über das Schicksal eines Menschen — von dem man nicht weiß, daß er zu diesem Zeitpunkt schon tot ist — entschieden hat: doppelte Ironie also! Der, den man von seinem Posten absetzen wollte und dessen Existenz damit vernichtet worden wäre, liegt bereits ,,als ein erbärmliches Häufchen, so wie man sich vorstellt, daß die Kleider eines Ertrunkenen noch tagelang an dem Strande liegen" tot in seinem Zimmer. Der, der jetzt tot ist, ahnte nicht, daß das angekündigte Gespräch nicht seiner Berufung auf den Prokuristensessel galt, sondern ihm seine Entlassung mitgeteilt werden sollte. Als Leisiger nicht erscheint, gehen die Direktoren zur Tagesordnung über, und damit endet die Geschichte: ,,. . . und der technische Direktor dachte, daß sich durch das Fernbleiben Leisigers alles auf die bequemste Weise geregelt habe. Und dann diskutierten sie, was an diesem Tag sonst noch zur Debatte stand." Die Kaltschnäuzigkeit der Direktoren muß den Leser schockieren, denn dieser weiß ja um den Tod Leisigers und die trügerischen Hoffnungen, denen er sich in den letzten Minuten seines Lebens noch hingab. Der Leser bleibt somit aufgefordert, über das im Text geschilderte Geschehen hinauszudenken, die verbleibende Dissonanz der unbefriedigenden Auflösung der Geschichte zu ertragen und durch eine Bezugsetzung zum eigenen Erfahrungshorizont eventuell aufzulösen." Der Schluß ist offen; das heißt, er hinterläßt eine schwebende, affunktionelle Dissonanz, die noch lange nachklingt."[37])

Eine weitere Eigenart der Kurzgeschichte, die nicht zuletzt der Textökonomie geschuldet ist,[38]) ist die *Augenblicksfixierung,* die ,,die Rolle der Einzelgegenstände, der einzelnen Worte und Gesten"[39]) besonders betont. So heißt es etwa über den technischen Direktor: ,,Doch weil ihm ein passendes Wort dafür nicht einfiel, dachte er mit einer plötzlichen Wendung, als ließe sein Denken sich schalten wie eine seiner Maschinen, an andere Dinge." Mit äußerster Knappheit

[37]) Bender, a. a. O., S. 67. Auch Ruth Lorbe weist auf dieses Merkmal der KG hin, wenn sie schreibt: ,,Im Gegensatz zur Erzählung und zur Anekdote ist die Kurzgeschichte nicht in sich geschlossen, sondern sowohl über ihren Anfang und über ihr Ende hinaus offen. Sie gibt kein abgeschlossenes Ereignis und keine festgelegte Moral, sondern sie setzt den Leser in Bewegung (. . .) R. Lorbe, Die deutsche Kurzgeschichte der Jahrhundertmitte. In DU 9 (1975) Heft 1 zitiert nach Theorie der KG, S.64

[38]) Völlig zurecht weist Edgar Neis darauf hin, daß es eine recht oberflächliche Definition sei, die Anzahl der Wörter als Maßstab zur Bestimmung dessen zu nehmen, was die KG ausmache (E. Neis, Wie interpretiere ich Gedichte und Kurzgeschichten, Hollfeld 1977, S. 119) Dennoch sei darauf verwiesen, daß, verfolgt man die KG zurück zu ihren anglo-amerikanischen Ursprüngen, der Zwang, eine Erzählung auf engstem Raum in Journalen und Zeitschriften unterzubringen, die Kürze dieser Prosaform beeinflußte (siehe hierzu H. Motekat, Gedanken zur Kurzgeschichte DU 9 (1957), Heft 1, in: Theorie der KG, S. 55f.

[39]) W. Höllerer, Die kurze Form der Prosa, in: Akzente 9 (1962), zitiert nach: Theorie der Kurzgeschichte, a. a. O., S. 74

charakterisiert Eisenreich hier durch die Geste und den Vergleich des technischen Direktors mit einer Maschine die Unmenschlichkeit eines der beiden Direktoren: sein Denken ist ausschließlich zweckrationalen Überlegungen untergeordnet, für Mitgefühl, Anteilnahme und Gewissen ist in den Buchhaltergehirnen und Produktionsziffernköpfen des technischen und des kommerziellen Direktors kein Platz: l'homme machine — der Mensch — eine Maschine!

Kurzgeschichten sind oft auf *Kabinen des Erzählens* aufgebaut. Diese finden wir auch in „Am Ziel". Man kann zwei solcher Kabinen unterscheiden, „die in sich zusammenhalten, sich gegenseitig stützen oder sich Widerpart geben."[40]

Beide Kabinen sind durch unterschiedliche Schauplätze markiert: die erste Kabine des Erzählens ist angesiedelt in Leisigers Zimmer; in der Gedankenwelt Leisigers wird in starker Zeitraffung — Erzählzeit und erzählte Zeit klaffen weit auseinander — Leisigers Leben in den letzten 10 Jahren wie bei einem mit zu schneller Geschwindigkeit laufenden Film abgespult. Schauplatz der zweiten Erzählkabine ist der kleine Konferenzsaal der Vereinigten Zuckerfabriken AG, in dem die drei Männer des Direktoriums auf Leisiger warten, um ihm seine Entlassung mitzuteilen. Bindeglied zwischen den beiden Kabinen sind die Sätze: „Und so, so fand ihn am nächsten Morgen seine Haushälterin liegen, ein kleines Häuflein wie Kleider eines Ertrunkenen am Strand. Um etwa die gleiche Zeit geschah das, als die Herren in dem kleinen Konferenzsaal bereits an die zehn Minuten gewartet hatten (...)".

Die Geschichte hätte auch mit der ersten Kabine enden können, ihr Schluß wäre dann ebenso glaubwürdig gewesen. Doch gerade durch die zweite Kabine, dadurch, daß der Leser erfährt, daß alle Hoffnungen Leisigers falsch waren, daß er nicht vor dem Triumph, sondern vor einer vernichtenden Niederlage stand, erscheint das Leben Leisigers, das er in den letzten 10 Jahren um des Aufstieges willen geführt hat, doppelt sinnlos. Und erst dadurch, daß der Konferenz der Direktoren die retrospektive Schilderung dieses Lebens vorausgeht, wird der Zynismus und die Kaltschnäuzigkeit der Direktoren wirklich deutlich („alles auf die *bequemste* Weise geregelt" kommentiert einer der Herren ja das Fernbleiben Leisigers).

Neben den schon erörterten Merkmalen, die Eisenreichs Text als „Kurzgeschichte" bestätigen, sei noch auf den moralischen Gehalt hingewiesen, der die meisten Kurzgeschichten kennzeichnet. Nach Wolfdietrich Schnurre liegt für den Leser der Wert der Kurzgeschichte auch in ihrer Parteinahme für die Verfemten und Unterdrückten. Die Kurzgeschichte soll die Gesellschaft hart und unerbittlich kritisieren und den Menschen zeigen, wie er ist: voller Schuld, verfolgt, gewissenlos.[41]

Diesem hohen moralischen Anspruch wird Eisenreichs Kurzgeschichte „Am Ziel" durchaus gerecht. Eisenreich zeigt eine Berufswelt, in der Menschlichkeit bei Strafe des Untergangs verboten ist; eine Berufswelt, die den einzelnen zu ei-

[40]) A. a. O., S. 75

[41]) Vgl. Wolfdietrich Schnurre, Kritik und Waffe. Zur Problematik der Kurzgeschichte, in: Deutsche Rundschau 87 (1961) Heft 1, zitiert nach: Theorie der Kurzgeschichte, a. a. O., S. 26

nem auswechselbaren Rädchen in einem von ihm nicht kontrollierbaren Getriebe degradiert. Eine Berufswelt, die Rücksichtslosigkeit und Härte verlangt, Zähigkeit und die Bereitschaft zur Intrige voraussetzt und so den Menschen zum Wolf des Menschen werden läßt.

Leisiger und Dr. Stiasny stehen exemplarisch für den Konkurrenzkampf in einer Leistungsgesellschaft, die vom Menschen fast die Selbstaufgabe um des beruflichen Erfolges und des sozialen Aufstieges willen fordert.

Für Menschlichkeit und Rücksichtnahme ist kein Platz, allein der Erfolg zählt; Erfolg ist nur möglich auf Kosten anderer und/oder-dies ist die Überspitzung in Eisenreichs Geschichte — auf Kosten der eigenen Gesundheit und sogar des eigenen Lebens, wie bei Leisiger.

Ernst Schnabel, Hundert Stunden vor Bangkok
(Pratz-Thiel, S. 7-17)

Arbeitsfragen / Aufgaben:

1. Suchen Sie im Text Begriffe aus der Fachsprache der Seefahrt und klären Sie die Bedeutung dieser Begriffe! Welche Funktion kommt der Verwendung dieser Begriffe Ihrer Meinung nach zu?
2. Zeigen Sie am Text Merkmale der auktorialen Erzählsituation auf und erläutern Sie die Funktion der Kommentare!
3. Weisen Sie am Text nach, daß Schnabel eine Fülle unterschiedlicher Erzähltechniken verwendet!
4. Welche Bedeutung hat Ihrer Meinung nach Macays Kampf ums Leben für seine persönliche Zukunft? Sind die Konsequenzen, die für Macay aus diesem Vorfall für ihn entstehen, Ihrer Meinung nach übertragbar auf anderer Personen (Sie selbst?)?

Hinweise zur Interpretation:

Die Handlung von Schnabels Kurzgeschichte scheint schnell erzählt: Mr. Macay, der II. Ingenieur des Dampfers BLACKPOOL der Green-Funel-Line, fällt in der Sunda-See über Bord und wird, als er sich schon längst aufgegeben hat, von malayischen Seeleuten gerettet.

Schnabels Geschichte ist eher aktionsarm; der Autor fesselt nicht durch auf vordergründige Dramatik ausgerichtete erzählerische Höhepunkte, obwohl Ereignis und Topographie der Geschichte dies vielleicht vermuten ließen. Er schildert keinen Kampf mit blutrünstigen Haien, auch die Malayen tauchen nicht als Piraten auf, sondern als hilfreiche Retter.

Macay wird zu einem Grenzgänger in mehrfacher Hinsicht. Er ist ein erfahrener Seemann, fährt schon seit über elf Jahren auf der BLACKPOOL und hat es vom einfachen Maschinisten zum II. Ingenieur gebracht. Macay ist „klein, dick, Mitte Fünfzig ungefähr." (S. 10) Er ist ein Mann in einem „kritischen Alter, zu jung, um neuartigen Ereignisse ganz gleichgültig entgegenzuschauen, zu alt, um sich noch recht darauf freuen zu können." (S. 11) Und in dieser kritischen Phase seines Lebens — die erste Grenzsituation also — wird Macay mit einer für ihn neuen Situation konfrontiert, denn die Sundasee haben Macay und das Schiff bisher noch nicht befahren. Das fremde Land und der fremde Kontinent, Asien nämlich, werden in Macays Vorstellungswelt zu einer Bedrohung. „Asien war für ihn ein Land von kleinen braunen Menschen, von Leuten mit Sammetaugen, mit bösen Göttern und undurchsichtigen Gewohnheiten, von Leuten ganz ohne Herz, von gefährlichen Leuten." (S. 10): also eine zweite Grenzsituation. Inmitten einer Grenzüberschreitung zwischen zwei Lebensaltern überschreitet Macay die Grenze eines für ihn neuen Kontinentes.

So reagiert Macay auf die Nachricht von der Reise nach Asien zunächst auch eher beunruhigt (vergl. S. 12), doch dann, als die Fahrt ruhig verläuft, verläßt ihn die unbestimmte Furcht vor dem Ungewissen und Neuen, doch nur, um ihn in der Nacht umso heftiger zu erfassen („. . . das stand das Finstre wieder auf vor seiner Seele und vergiftete ihn", S. 11).

Aus seinem tiefen Schlaf wacht er eigentlich erst wieder auf, als er die dritte Grenze überschritten hat, die Grenze der BLACKPOOL nämlich. Macay stürzt in einem Zustand somnambuler Trance ins Meer. Er verläßt den Schutz seiner Zeit und seines Raums, als er von Deck stürzt.[42]) Sein Schicksal scheint besiegelt, zumal das Schiff die Suche nach ihm aufgibt (vergl. S. 13). Und jetzt steht — man ist eher geneigt zu sagen — schwimmt Macay in der vierten Grenzsituation: er steht an der Grenze von Leben und Tod, an der Grenze von Hoffnung und Verzweiflung, von Lebenswillen und Todesahnungen, von sich in beklemmenden Phantasmagorien auflösender Realität und realer Bedrohung durch die Gewalten der Natur. Die Stunden und Stunden im Wasser des Ozeans lösen die festgefügte Ordnung, in der Macay bisher gelebt hat, mit Unerbittlichkeit auf.

Er, der gute Schwimmer, der mühelos mehrere Stunden im Wasser zubringen konnte, verliert schneller als erwartet seine Kräfte. Er, der eher nüchtern und sachlich zu denken gewohnt war, stellt plötzlich fest, daß die Todesangst ihm eine „neue Phantasie und Kombinationsgabe (eingab), die wie eine plötzlich erwachte Fledermaus neu und ungewohnt in seiner sonst vorstellungsarmen Brust umherflatterte." (S. 14) Er, der sich in Jahren auf See in einem festgefügten Universum wähnte, muß feststellen, daß ein grenzenloser Raum ihn umgibt. („Wo war oben? Wo unten? Was Sterne? Was Meer?", S. 15)

Nach einer scheinbar unendlichen Zeit im Kampf gegen das Meer stellt sich Macay die Frage, ob es sich überhaupt noch lohne, um sein Leben zu kämpfen. Und er will aufgeben.

[42]) „Für ihn ereignete sich die Zeit auf dem Ziffernblatt der Schiffsuhr, die Welt innerhalb der Reling der BLACKPOOL!" (S. 11)

„Er gab auf — aber *es* gab noch nicht auf. *Es*. Irgendetwas in ihm. Eine zähe, automatische Kraft. Ein Lebenshunger, der ihm plötzlich wie ein gewaltiges Geschwür, ein unbequemes, strapazierendes Geschwür im Nacken saß, eine unangenehme, störende Gewalt zwang ihn, es weiterhin zu versuchen, und diese Nötigung war unabweisbar." (S. 14)

Und dies ist der eigentliche Kern der Geschichte: nicht so sehr die Natur bedroht Macay in seinem Kampf ums Überleben, sondern die eigene Skepsis, die Zweifel, ob es sich lohnt, um *dieses* Leben des II. Ingenieurs Macay überhaupt zu kämpfen. Nicht Handlung bestimmt deshalb die Geschichte von Schnabel, sondern Reflexion. Und so sind die Schilderungen, wie es zu dem Unfall kommen konnte, die Erläuterungen zur Person Macays, die der Autor in den ersten Abschnitten der Kurzgeschichte gibt und die den größten Raum der gesamten Geschichte einnehmen, doch eigentlich nur Vorspiel für die Beschreibung des Seelenkampfes, den Macay von dem Zeitpunkt an kämpft, als die BLACKPOOL ohne ihn davonfährt. Und so kann der Autor dann von diesem Zeitpunkt an auch völlig auf Handlung im eigentlichen Sinn verzichten, er zeigt Macay nicht im Kampf mit der äußeren Natur und treibt ihn nicht zu heroischen Aktionen in Gefahrensituationen. Die Gefahren, denen Macay sich gegenüber sieht, erwachsen aus ihm selbst.

> ("... wenn sich Macay nur einen Augenblick wirklich besonnen und nachgedacht haben würde, so hätten ihm die Haie einfallen müssen, kaltschnäuzige Wölfe. Wirklich gab es genug Haie in dieser Nacht und in diesem Meer, aber es gab auch gute Dämonen. Sie verschlossen nicht nur Macays Augen, — sie hielten auch die Haie fern. Infolgedessen hatte Macay nur die Haie zu überwinden, die in ihm selber lebten: den Hai Hoffnungslosigkeit, den Hai Faulheit, den Hai Gliederkrampf." (S. 15 f)

Und Macays Schicksal scheint auch erst besiegelt, als er jedes Selbstvertrauen verloren hat, als er sich selbst endgültig aufgibt. (vergl. S. 16) Der Autor provoziert den Vergleich mit Jesus (Auch Jesus hatte nicht mehr aufzubringen gehabt als Mut und Glauben an die eigene Kraft, S. 16). Und wie beim sterbenden Jesus von Nazareth (vergl. Matth. 27/Vers 50) drücken sich Schmerz, Verzweifelung, Todesfurcht und Hoffnung in der Minute des Todes in einem Schrei aus (vergl. S. 17), und wie in der Kreuzigungsgeschichte (Matth. 27/52) gerät auch beim Todeskampf Macays die Erde in Bewegung („Er schrie über die Wasser, und die Wasser regten sich davon auf. Sie begannen zu rauschen." S. 17)

Doch was sich im Todeskampf Macays zu einem Gaukelspiel dämonischer Kräfte verdichtet, erweist sich in Wahrheit als seine Rettung. Bewußtlos, mit kalten und steifen Gliedern ziehen ihn die Malayen aus dem Wasser.

Und aus dieser Bewußtlosigkeit erwacht Macay als ein neuer Mensch, er wird geradezu neu geboren. „Als er nach langer Zeit erwachte (...), da erst begriff er, daß er mit seinem Sturz vom Deck der BLACKPOOL die *Grenzen wirklich überschritten* und hinter sich gelassen hatte und daß er *nie wieder in sein altes Leben zurückfinden werde.*" (S. 17)

Der Ausgang der Geschichte verunsichert. Insofern ist er ein „typischer" Kurzgeschichtenschluß. Die Geschichte — die Handlung — hat einen Abschluß gefunden, sogar ein happy-end, aber eben doch kein Ende. Der Schluß ist vielmehr offen. Deutlich wird an dieser Geschichte und an ihrem Schluß wohl, was Heinz Piontek meint, wenn er formuliert:

> „Die Kurzgeschichte zeigt ihre handelnden Figuren keineswegs in einem unerheblichen Augenblick ihres Lebens (...). Daher interessieren ihn [den Autor, B. M.] vor allem solche Lagen, in denen der Mensch Farbe bekennen muß, wo ihm Zusammenhänge aufgehen oder sein Bewußtsein wichtige Erweiterungen erfährt. Das sind nicht Entwicklungen der Person, wie sie der Romanautor von seinem Held berichtet. Hier handelt es sich um plötzliches *Innewerden* von Wahrheit, das auf Entschiedenheit im Leben drängt."[43])

Der Erzähler mischt sich kommentierend und wertend, manchmal mit ironischen Bemerkungen in das Geschehen ein[44]), gibt sich dabei aber gleichzeitig den Anschein des objektiven Berichterstatters durch genaue Orts- und Zeitangaben sowie die Angabe der Wetterverhältnisse (vergl. besonders S. 7). Dabei „sucht Schnabel nicht zu vertuschen, daß er erzählt; er zeigt das ganz offen und desillusionierend. Das führt zuweilen zu stilistischen Arabesken des Erzählens."[45])

Die Geschichte ist nicht einsträngig chronologisch erzählt, sondern weist Rückblenden, kommentierende Passagen, Erzählerbericht, Wiederholungen, erlebte Rede und einen szenischen Dialog auf. Schnabels Sprache zeichnet sich durch die Verwendung von Fachbegriffen aus der Seefahrtssprache, durch zahlreiche Bilder, Metaphern und Vergleiche aus sowie die Verwendung von Ellipsen und Asyndeton.[46])

Bertolt Brecht, Vier Männer und ein Pokerspiel
(Pratz-Thiel, S. 17 — S. 24)

Arbeitsfragen / Aufgaben:

1. Zeigen Sie durch die Untersuchung einzelner Textpassagen auf, daß Glück und Gutherzigkeit von den Mitspielern Johnnys als negativ empfunden werden!
2. Warum laden die Männer Johnny schließlich zum Pokerspiel ein, obwohl sie um sein Glück wissen?
3. Diskutieren Sie die Kommentare des Erzählers auf S. 20 (Mitte)!
4. Lesen Sie (informieren Sie sich in Lexika über) Stücke von Brecht, in denen das Thema „Güte, Gutherzigkeit, Menschlichkeit" aufgegriffen wird (Der

43) H. Piontek, Graphik in Prosa in Theorie der Kurzgeschichte, a. a. O., S. 21 f
44) es trifft also nicht zu, wenn der Erzähler von sich behauptet, ohne Umschweife zu erzählen (vergl. S. 8)
45) W. Höllerer, Die kurze Form der Prosa in Theorie der KG, a. a. O., S. 75
46) vergl. zu Ellipse, Asyndeton und „disjunktiver Sprache" H. Müller, Grundkurs der Rhetorik, München [4]1974, S. 39

gute Mensch, Heilige Johanna, Der kaukasische Kreidekreis, Mutter Courage) und zeigen Sie anhand der Stücke auf, welche Chancen Brecht dem Guten in einer bösen Gesellschaft gibt! (Schülerreferate!)

5. Untersuchen Sie Spielregeln von Glücksspielen (Poker, Monopoly!!) im Hinblick darauf, welches die Ziele der Spiele sind und wie diese Ziele zu erreichen sind!

Hinweise zur Interpretation:

Brecht erzählt in der auktorialen Erzählsituation — der Erzähler mischt sich also kommentierend in das Geschehen ein — die Geschichte von vier Männern während einer Schiffsfahrt von Havanna nach New York, eine Geschichte, die mit „Zigarettenrauch anfängt und einem Todesfall endet" (vergl. S. 18). Im Mittelpunkt steht Johnny Baker — nur seinen Namen erfahren wir, die drei anderen Männer bleiben anonym. Wir wissen lediglich über sie, daß sie — ebenso wie Johnny — erfolgreiche Schwimmer bzw. Organisatoren von Sportveranstaltungen sind.

Johnny Baker klebt das Glück an den Stiefeln; nahezu alles, was er tut, gelingt ihm, immer hat er seinen Konkurrenten das entscheidende Quentchen Glück voraus. Dieses Glück und seine Gutherzigkeit sollen ihm zum Verhängnis werden.

Die Langeweile auf dem Schiff veranlaßt die Männer zu einem Pokerspiel. Zunächst spielen sie zu dritt — ohne Jonny. Als er schließlich hinzukommt, bekommt das Spiel Fahrt. Er gewinnt eine Partie nach der anderen. Die drei Männer verlieren ihr Geld, ihren Besitz, all ihr Hab und Gut an Johnny. Dieser bedauert seine Glückssträhne, denn er hat ja nicht die Absicht, die anderen zugrunde zu richten. So lädt er die drei zu einem aufwendigen Essen ein, bezahlt vom vorher gewonnenen Geld, um seinen guten Willen zu zeigen. Doch diese freundlich gemeinte Geste verschärft nur den Unmut der drei anderen. Johnny bietet ihnen ein Spiel an, bei dem alles auf eine Karte gesetzt werden soll. Sie akzeptieren — und verlieren. Damit ist Johnnys Schicksal besiegelt. Eine Stunde vor New York werfen sie Johnny ins Meer.

Brechts Absicht geht darüber hinaus, eine spannende Geschichte aus dem Spielermilieu zu schreiben. Die didaktische Absicht seiner Kurzgeschichte wird am Schlußsatz deutlich: „Aber so gut *kann* einer gar nicht schwimmen, daß er sich vor den Menschen rettet, wenn er auf der *Welt* zuviel Glück hat". (S. 24) Damit ist das Stichwort gegeben: Welt. Die Topographie der Geschichte geht über das Schiffsdeck hinaus; das Schiff steht nur stellvertretend für menschliche Gesellschaft, das Pokerspiel für das Zusammenleben in dieser Gesellschaft und die Spielregeln, die es zu beachten gilt. Und Glück ist in diesen Spielregeln nicht vorgesehen. Glück wird vielmehr als störend empfunden, als Betriebsunfall gesehen. Besonders dann, wenn es sich, wie im Falle Johnnys, mit einer fast naiv zu nennenden Gutmütigkeit paart. („Johnnys Herz war Johnnys Fehler. Er besaß zuviel Taktgefühl.", S. 21). Herz und Taktgefühl sind aber genau die Eigenschaften, die dem Verhalten und den Eigenschaften gegenüberstehen, die man haben muß, wenn man im Leben bestehen will. („Sie müssen zum Pokerspielen ein ebenso hartes Herz haben wie zu irgendeiner anderen Form der Expropriierung.", S. 20)

Ziel des Pokerspiels ist nicht der Spaß am Spiel, wie Johnny in seiner Gutherzigkeit glaubt, sondern der Gewinn. Dabei sind Tricks, wie etwa das Bluffen, nicht nur nicht verboten, sondern geradezu Bestandteil der Spielregeln und Voraussetzungen des Spiels. Als Johnny merkt, daß es den anderen ernst ist ums Spiel, und als er — bereits Besitzer des Vermögens der anderen — deshalb bewußt schlecht spielt, um den Mitspielern eine Chance zu geben, ihr verlorenes Geld zurückzugewinnen, wird er von einem der Mitspieler aufgefordert: „Spiel anständig", (S. 23) Das Entgegenkommen Johnnys — besonders dann aber die Einladung zum Essen — wird von den drei Männern als Demütigung empfunden. Die sich bei Johnny einstellende Unsicherheit, das schlechte Gewissen, stets zu gewinnen, halten die drei anderen, die ständig in den Kategorien des Pokerspiels denken (austricksen, um nicht ausgetrickst zu werden), für eine ganz raffinierte Finte und für „pure Bosheit". (S. 23)

Das von Brecht oft thematisierte Motiv vom Guten, der in einer bösen Welt scheitert, weil er scheitern muß, oder vom Guten, der böse wird, weil man böse sein muß, um überleben zu können, wird in „Vier Männer und ein Pokerspiel" kombiniert mit der Kategorie des Glücks. Und es zeigt sich, daß die Problematik des Guten, in einer bösen Welt bestehen zu können, sich dadurch nicht löst, sondern in verschärfter Form weiterexistiert. Der Gute scheitert. Der Gute, der Glück hat, scheitert ebenfalls. Johnny ruiniert seine Mitspieler nicht nur materiell. Durch sein Verhalten stößt er seiner Mitspieler Wertordnung um, er verstößt gegen die Spielregel. Insofern bezeichnet Brecht Johnnys Ende auch nicht als Mord, sondern als Todesfall (S. 18).

Bei der Behandlung der Brechtschen Geschichte sollte auch die kompositorische und sprachliche Gestaltung ins Blickfeld der Untersuchung gerückt werden.

Je näher die drei Männer und Johnny New York kommen, desto auswegloser wird die Situation für Johnnys Mitspieler, je näher das Schiff seinem Ziel ist, desto näher ist für die drei Männer auch ihr vollständiger Ruin, aus dem sie schließlich nur noch den einen Ausweg sehen, nämlich Johnny vom Schiff zu stoßen:

— „Sie hatten die Bermudas hinter sich gelassen, als Johnny ihr Geld zählte", S. 19
— „Vormittags, als ihnen mehrere Schiffe die Nähe der Küste anzeigten, begannen sie um ihre Wohnungen zu spielen.", S. 19
— „Als er alle Spielmarken wieder vor sich liegen hatte .... Es war elf Uhr, eine Stunde vor New York.", S. 23

Zur Diskussion anregen dürften auch die Beispiele Brechtschen dialektischen Denkens, die (den Schülern) zunächst paradox erscheinen müssen: „Der Himmel war blau, und das Meer war auch blau. Die Getränke waren gut, aber sie waren immer gleich gut. Die Zigarren konnte man ebenso rauchen wie andere Zigarren. Kurz: der Himmel, das Meer, die Getränke und die Zigarren waren nicht gut." (S. 18)

Hinzuweisen ist auch auf die z.T. sehr bildhafte Sprache.

Marie Luise Kaschnitz, Die Reise nach Jerusalem
(Pratz-Thiel, S. 24-27)

Arbeitsfragen / Aufgaben:

1. Das Spiel ,,Die Reise nach Jerusalem'' ist ein Kinderspiel (siehe auch die Frage des Ich-Erzählers ,,Sind wir denn Kinder?''); der Fremde hat die ,,neugierigen Augen eines Kindes''. Kommt diesen Hinweisen der Autorin Ihrer Meinung nach eine besondere Bedeutung zu? (,,Lasset die Kindlein zu mir kommen! Wenn Ihr nicht werdet wie die Kinder . . .'')
2. Die Ärzte vermögen die Ursachen der Krankheit nicht zu entdecken. Kann man dies Ihrer Meinung nach so verstehen, daß Luise Kaschnitz andeuten will, daß es Dinge gibt, die der Mensch mit seinem Verstand nicht ergründen kann?
3. Verweist die Geschichte Ihrer Meinung nach ins Transzendente? (auf ein höheres Wesen, eine absolute Idee, Gott?)
4. Führen Sie einmal in Ihrer Klasse das Spiel ,,Die Reise nach Jerusalem'' durch und beobachten Sie dabei Ihr eigenes Verhalten!

Hinweise zur Interpretation:

Als ein typisches Merkmal der Gattung Kurzgeschichte wird allgemein ihr unmittelbarer Anfang angesehen, der unvermittelte Einstieg in das Geschehen. So schreibt etwa Helmut Motekat:

> ,,Die Kurzgeschichte blendet sich in eine bestimmte Situation unmittelbar ein. Ohne Hinführung sind Kern und Wesen der Situation vorstellbar gemacht, das Geschehen selbst rollt zügig ab.''[47])

Marie Luise Kaschnitz' ,,Die Reise nach Jerusalem'' entspricht diesem formalen Merkmal der Kurzgeschichte *nicht.* Vielmehr führt die Autorin in einer Exposition, die immerhin fast ein Drittel des gesamten Textes einnimmt, in ihre Erzählung ein und führt zum Mittelpunkt des eigentlichen Geschehens hin. Die zwei Abschnitte der Einleitung beginnen jeweils mit einer Zeitangabe: ,,Im Mai des vergangenen Jahres'' (1. Abschnitt) und dann ,,Im Spätsommer . . .'' (2. Abschnitt). Aufgabe der Einleitungsabschnitte ist es, Entstehung und Ursache sowie Auswirkungen der ,,geheimnisvollen Krankheit'' zu beleuchten.

Symptome der Krankheit sind der ,,Kräfteverfall und die außerordentliche Unruhe'' der Bewohner des Städtchens. Die Ärzte stehen vor einem Rätsel und können den Patienten nur bescheinigen, ,,daß trotz ihrer großen Schwäche und ihres nervösen Zitterns ihre Organe gesund seien.'' (S. 24)

Den Kern der Handlung macht die Schilderung von Vorfällen an drei Tagen im Oktober aus. Handlungsort ist das Wartezimmer des Arztes des Ich-Erzählers. Unter den Wartenden befindet sich ein Mann, ,,der seinem Tonfall nach

[47]) zitiert nach Theorie der Kurzgeschichte, a. a. O., S. 61

nicht aus der Stadt" stammt (S. 25). Dieser Mann unterbricht das dumpfe Schweigen der Wartenden durch das Erzählen einer Geschichte. Obwohl das Publikum zunächst unwillig reagiert, schlägt der Fremde durch seine Geschichte schließlich doch alle Wartenden in seinen Bann. Am zweiten Tag findet sich der Fremde ebenso wieder im Wartezimmer ein wie fast alle Patienten vom Vortage. Doch überrascht er seine jetzt schon gespannt wartende Hörerschaft nicht mit einer neuen Geschichte, sondern mit dem monotonen Wiederholen unverständlicher, scheinbar zusammenhangloser Worte.

Am dritten Tag schlägt der Fremde ein gemeinsames Spiel vor, das Spiel „Die Reise nach Jerusalem". Am Ende des Spiels liegt der Fremde tot am Boden des Wartezimmers. Die unheilvolle Krankheit verschwindet nach jenem Tag aber genauso überraschend, wie sie gekommen ist. „Die Krankheit ist so gut wie überwunden, selbst die hartnäckigsten Fälle bessern sich." (S. 26)

Die Menschen in Kaschnitz' Geschichte sind namenlos und ohne Individualität. Eine Ausnahme bildet allein der fremde Mann. Die Krankheit, die offensichtlich nicht organischen Ursprungs ist (die Ärzte versichern den Patienten ja, daß ihre Organe gesund seien), kann begriffen werden als psychosomatische, als eine seelische Krankheit, die sich in körperlichen Reaktionen (Kräfteverfall, außerordentliche Unruhe, nervöses Zittern) ausdrückt. Folgen wir dieser Annahme und setzen wir sie in Bezug zum Ausgangspunkt (Menschen ohne Individualität), dann liegt es nahe, sich das Verhältnis der Menschen untereinander anzusehen.

In der Einleitung erwähnt der Ich-Erzähler, daß die Menschen immer dann und vor allem solange die Ärzte mit ihnen *sprechen,* von der Gesundheit ihrer Organe überzeugt sind. Sie sind dann sogar fähig, „Scherze zu machen". Doch diese Unbeschwertheit verfliegt, sobald sie auf die Straße treten. Denn dort herrschen die „angstvollen, vor Erregung zuckenden Gesichter" (S. 24), und alle verfallen erneut „in die alte Schwermut und Angst" (ebenda).

Im zweiten Abschnitt der Einleitung wird die Stimmung in der Stadt mit „Niedergeschlagenheit" bezeichnet, die durch gegenseitiges Mißtrauen und Beobachten begleitet wird. Menschliche Zuneigung und Freundschaft werden pervertiert, denn die Bewohner der Stadt beginnen, „einander zu beobachten und in den Gesichtern unserer liebsten Freunde nach dem Schatten des Todes zu spähen!" (S. 25) Dies geschieht jedoch nicht aus Anteilnahme, sondern weil man auf den ersten Todesfall wartet, von dessen Sektion sich die Ärzte Aufschluß über die Krankheit erhoffen. Auch die ärztliche Aufgabe, Menschenleben zu retten, hat sich also in ihr Gegenteil verkehrt. Am Ende ihrer Wissenschaft angelangt, hoffen die Ärzte ebenfalls, daß einer ihrer Patienten stirbt. In ihrer Hilflosigkeit tun sie derweil das, was sie immer tun, sie verschreiben die „üblichen *stärkenden* und *dämpfenden* Mittel" (also Mittel, die sich in ihrer Wirkung gegenseitig aufheben).

Das gestörte Verhältnis der Einwohner untereinander wird im Wartezimmer besonders deutlich: hier versammelt man sich in „*verbissenem Schweigen.*" Niemand spricht. Eine Kommunikation über den Grund des gemeinsamen Wartens — um den doch alle wissen! — findet nicht statt. Erst der Fremde durchbricht die Stille mit seiner Erzählung. Auch jetzt äußern sich die Wartenden zunächst nicht durch Worte, sondern lediglich durch ,,zorniges Räuspern''. Dennoch durchbricht der Fremde das Schweigen ,,mit *trotzigem Mut*'', wobei seine wichtigste Eigenschaft wohl die ist, daß er ,,neugierige Augen wie ein Kind'' hat. Die Tatsache, daß ihm alle zuhören — trotz der Scheußlichkeit des Erzählten — zeigt, daß der Mann mit seiner Erzählung ganz offensichtlich ein Bedürfnis der anwesenden Menschen erfüllt, das Bedürfnis nämlich, miteinander in Beziehung zu treten.

Dies wird auch dadurch dokumentiert, daß sich am zweiten Tag nahezu alle Personen wieder versammeln und bereits auf eine weitere Geschichte mit gespannter Aufmerksamkeit warten. Jeder Neuankömmling, der Unruhe ins Wartezimmer trägt, wird durch ärgerliches Zischen sogleich zur Ruhe gemahnt. Das Interesse der Wartenden wird auch dadurch nicht geringer, daß der Fremde am zweiten Tag keine Geschichte erzählt, sondern nur unverständliche, scheinbar zusammenhanglose Worte monoton vor sich hinsagt. Am dritten Tage schließlich ist ein Stimmungsumschwung eingetreten: die gespannte Erwartung ist einer *aufgeräumten Fröhlichkeit* gewichen, die die Menschen dazu bereit macht, das vom Fremden vorgeschlagene Spiel durchzuführen. In diesem Spiel finden die Emotionen und latenten Ängste der Menschen ihren Ausdruck und ihr Ventil: ,,Wir bewegten uns vorwärts, kichernd, flüsternd, und dann schweigend, schneller, immer schneller, trippelnd, scharrend, immer in Erwartung, daß das Trommeln ein Ende nähme. Als es dann soweit war, stürzten wir uns auf die Stühle, nun gar nicht mehr lustig, sondern angstvoll und böse, als sei es von höchster, von lebensentscheidender Bedeutung, einen Platz zu bekommen.'' (S. 26)

Mit dem Tod des Fremden endet das Spiel, und mit seinem Tod endet auch die Krankheit bzw. geht zurück. So kann man das Spiel als das Ingangsetzen eines kollektiven Bewußtwerdungsprozesses verstehen, eines Prozesses, der verkrustete Verhältnisse aufbricht, unterschwellige Aggressionen sichtbar macht, latente Ängste an die Oberfläche bringt, positive (die Fröhlichkeit, das Kichern) Gefühle ebenso freisetzt wie negative (Angst, Bösartigkeit) und damit eine Art ,,Katharsis-Effekt'' ausübt.

Muß diese Deutung auch offen bleiben, nicht zuletzt deshalb, weil der Ich-Erzähler selbst einschränkend bemerkt: ,,Es ist möglich, aber nicht ganz sicher, daß unsere Stadt ihre Rettung dem ersten Toten, eben jenem Geschichtenerzähler und Wortesager, verdankt'', so legen zwei Hindernisse es doch nahe, den Ausgang der Geschichte in Zusammenhang zu bringen mit einem Denkprozeß, den der Fremde initiiert hat und der im kollektiven Spiel seinen Katalysator hat.

Schon am zweiten Tag des Auftauchens des Mannes beginnen die Zuhörer mit einem Reflexionsprozeß: ,,Wahrscheinlich kam es daher, daß jedes einzeln ausgesprochene Wort *in uns* gewisse Erinnerungen wachruft, oder *Hoffnungen,* und daß es gewissermaßen im *Leeren* steht und dabei ganz groß wird oder ganz schwer.'' (S. 26) (!! Tempus der Nebensätze ist das hier grammatikalisch unkorrekte Präsens; dies wohl um anzudeuten, daß der Reflexionsprozeß in der *Gegenwart* noch *andauert*).

Auch der letzte Abschnitt der Geschichte zeigt auf, daß der Tod des Mannes einen Prozeß des Nachdenkens evoziert hat (Nachdenken über die Bedeutung der Worte, rhythmisches Trommeln). Gegenstand des Reflexionsprozesses ist einmal die Entfremdung der Menschen von sich selbst (die Worte stehen im *Leeren,* S. 26) und ihrem sozialen Umfeld („an den Kleiderhaken *umarmten* sich die *Wintermäntel,* während die Besitzer in verbissenem Schweigen *nebeneinander hockten*", S. 25). Die Krankheit wäre dann Ausdruck gestörter zwischenmenschlicher Beziehungen. Gegenstand des Denkprozesses ist aber auch die Frage nach dem Sinn menschlicher Existenz überhaupt, angedeutet im Schlußsatz.

Ilse Aichinger, Das Plakat
(Pratz-Thiel, S. 27-32)

Arbeitsfragen/Aufgaben:

1. Welche Funktion kommt Ihrer Meinung nach dem Plakatkleber zu? Untersuchen Sie, in welchem Zusammenhang er jeweils erwähnt wird!
2. Zeigen Sie durch eine genaue Untersuchung am Text auf, wie sich die Kommunikation zwischen dem Jungen und dem Mädchen entwickelt!
3. Kann man Ihrer Meinung nach die Geschichte Aichingers so verstehen, daß wir nur deshalb *leben können,* weil wir wissen, daß wir *sterben müssen*?
4. Informieren Sie sich (Kunstunterricht, Lexika) über Salvatore Dali. Untersuchen Sie einige seiner Bilder (Bildbände, Kunstmappen) daraufhin, wie Dali seine Bilder aus Elementen der Realität, der Fiktion, aus Träumen und Mythen gestaltet!
5. Untersuchen Sie Werbeanzeigen (v. a. Autoanzeigen, Werbung für Motorräder) daraufhin, welche emotionalen Nebenbedeutungen den einzelnen Produkten zugesprochen werden!

Hinweise zur Interpretation:

Aichingers Erzählung weckt Erinnerungen an Motive des Surrealisten Salvatore Dali[48]) aus Bildern, die er gemalt hat, oder aus Filmen, an denen er mitgewirkt hat. Die Grenzen zwischen Realität und (Alp-)Traum, zwischen schrecklicher

[48]) Der Surrealismus, 1922 von André Breton begründet, rebellierte wie der Dadaismus gegen die Konformität und die rationale Logik der bürgerlichen Kunst. (...) Die Surrealisten (...) versprachen sich aus der Freisetzung des Irrationalen, aus dem Zurückgehen auf die Magie des Traums und die unbewußten Artikulationsformen der Seele eine neue Art der Erkenntnis (...). Deutlich (...) kam die surrealistische Haltung in einem Film zum Ausdruck, der legendäre Berühmtheit erlangen sollte: Luis Bunuels und Salvatore Dalis *Un Chien andalou* (Ein andalusischer Hund, 1928). (...) in Un Chien andalou regierte die traumhaft assoziierende Phantasie (...) Der Film präsentiert eine durcheinandergeratene Wirklichkeit Bunuel und Dali beluden ihn mit dem schreckenerregenden Inventar ihrer persönlichen Mythologie, mit den Spiegelungen ihrer Besessenheit, mit Metaphern, die teils nur schockieren sollten, teils aber die symbolische Interpretation nicht auszuschließen schienen. (Zitat aus: Gregor/Patalas, Geschichte des Films 1, 1895-1939, Reinbek bei Hamburg 1978, S. 75 f)

Phantasie und phantastischem Schrecken sind fließend. Schon der Einstieg in die Geschichte deutet auf kommendes Unheil hin. „Du wirst nicht sterben!" (S. 27) sagt der Plakatkleber, und er erschreckt dabei über seine eigene Stimme. Die Wiederholung des Satzes erfährt ihre Eindringlichkeit dadurch, daß der Mann den Satz verbittert ausspricht und ausspuckt, wobei ein „Flecken Blut" auf den Steinen bleibt. Ein Schwindel erfaßt den Mann, als er nach getaner Arbeit von der Leiter steigt. Eine alltägliche Szene wird ins Dämonische verwandelt, die Alltagszenerie eines Bahnhofs mit wartenden Reisenden und einem Mann, der ein Plakat an eine Reklamewand klebt.

Die Beschreibung der natürlichen Umwelt verstärkt das unheilvoll drohende Moment in der Einleitung der Geschichte: die Stille des Mittags liegt wie eine *schwere Hand* über dem Bahnhof, der Himmel ist blau und *gewalttätig*.

Das Plakat zeigt einen Jungen, der mit hochgeworfenen Armen ins Meer zu laufen scheint. Eine Werbeanzeige für Feriencamps, die mit dem Slogan „Komm mit uns!" Kinder und Jugendliche zur Teilnahme an Ferienfahrten einlädt. Aichinger erweckt den Jungen auf dem Plakat zum Leben. Der Junge reflektiert den Satz, den der Plakatkleber gesagt hat. Der Junge weiß nicht, was sterben ist. Er möchte aus seinem zur Momentaufnahme erstarrten Lauf ausbrechen, doch er ist „festgehalten in der Mitte des Tages". (S. 29)

Die Situation des Jungen auf dem Plakat, der in scheinbarer Lebensfreude, aber tatsächlicher Leblosigkeit existiert, wird konfrontiert mit dem tristen Alltag eines kleinen Mädchens, das mit seiner Mutter auf dem Bahnsteig den nächsten Zug erwartet. Das auf dem Plakat eingefangene Bild eines fröhlichen Knaben erscheint dem Kind als tatsächliches Leben; das Meer und der Strand auf der Reklamewand *sind* für das Mädchen *wirklich* und die ersehnte Abwechslung zur tristen Bahnhofsatmosphäre. Der Junge und das Mädchen nähern sich an: „Hinter der Stirn des Jungen begann es zu rasen" (S. 29), so der Junge; dem Mädchen, das sich im Kreise dreht, wird beinahe schwindlig. Und noch im Taumel des Tanzes, der Drehungen auf dem Bahnsteig, fällt der Blick des Mädchens auf das Plakat: „Da!" ruft es aus. (S. 30). Alle Wünsche und Sehnsüchte sind in diesem Ausruf erfaßt. Der Junge scheint dort zu sein, wo das Mädchen gern sein möchte. Das Mädchen will mit dem Jungen tanzen. Es vollführt einige Tanzbewegungen am Rande des Bahnsteigs, dem Jungen damit signalisierend, er solle mittanzen. Als der Junge jedoch starr und unbeweglich bleibt, verbalisiert das Mädchen die Aufforderung, indem es den Slogan des Plakates aufgreift und dem Knaben ein „Komm!" zuruft. Doch der Junge reagiert nicht, er bleibt unbeweglich. Er will jedoch das Mädchen warnen, versucht es zumindest, will deutlich machen, daß er (und mit ihm die ganze Szenerie des Plakates) nur Fiktion ist, festgehaltene, erträumte, synthetische Wirklichkeit. Doch ihm fehlt die Kraft. Und so wird das Mädchen ungeduldig, weil keine Reaktionen seitens des Jungen erfolgen. Doch der Wunsch, mit dem Jungen zu tanzen, ist so stark, daß das Mädchen schließlich auf die Schienen springt, dem Jungen entgegen, just in dem Moment, als der Zug in den Bahnhof einfährt.

Den Tod des Mädchens verknüpft Aichinger mit dem „Tod" des Jungen auf dem Plakat: für ihn heißt leben, nicht überklebt zu werden. Scheinbar zufällig hat der Plakatkleber eben dieses Plakat schlecht angeklebt: der Wind erfaßt eine

Ecke der Werbefläche, reißt das Plakat schließlich von der Wand, und das Plakat mit dem Jungen wird auf die Schienen geweht. Nach einer halben Stunde liegt der Bahnhof wieder in der Stille der Nachmittagshitze; nur ein Flecken Sand an der Stelle, an der das Kind vom Zug erfaßt worden ist, erinnert noch an die grauenhafte Szenerie, über die sich wieder das Einerlei des Alltags gelegt hat.

Sicherlich ist die Geschichte *nicht nur* gegen die mit Mitteln der Tiefenpsychologie arbeitende Suggestionskraft[49]) moderner Werbung aufgebaut und gerichtet; aber auch. Mutter und Kind kommunizieren nicht miteinander; aber die Sprache der optischen Signale des Plakates regt das Mädchen zur Kommunikation an, erfüllte einen Wunsch, der — weil von der Mutter nicht erfüllt — umso stärker wird, je länger das Kind das Plakat sieht und umso stärker das Plakat seine Scheinerfüllung des Wunsches entfalten kann. Dies wird daran deutlich, daß sich die Kontaktaufnahme zwischen dem Kind und dem Jungen auf dem Plakat nur allmählich — durch die Einbildungskraft des Kindes allerdings stets stärker werdend — entwickelt. Zunächst der Ruf des Mädchens „Da!" und ein Zeigen mit dem Finger, das Plakat wird noch als etwas Neues, Fremdes begriffen. Dann der erste Schritt — im wahrsten Sinne des Wortes! — seitens des Mädchens. Zunächst streckt es einen Fuß „ein wenig" vor (S. 30). Verbunden ist diese Geste mit einem Blick zur Erwachsenengruppe — doch die Erwachsenen beachten das Kind nicht. Dann eine erneute, einladende Geste. Das Kind „hebt den Fuß ein Stück über den Rand" des Bahnsteigs, zieht ihn aber wieder zurück. Dann ein aufforderndes Lachen des Mädchens — und der Junge scheint darauf einzugehen, denn auch er lacht. Danach das leichte Heben der Schürze, so wie man es beim Tanzen tut. Die nächste Geste ist noch deutlicher. Das Mädchen erfaßt den Saum des Kleides, hüpft am Rande des Bahnsteiges, wobei es dem Jungen zuruft „So, so!". So muß man zusammen tanzen, heißt diese Geste. Und schließlich das auffordernde „Komm!", verstärkt durch ein erneutes „So!".

Das Plakat, das zugeschnitten ist auf Kinder und Jugendliche als Adressatengruppe der Reiseveranstaltungen, erzielt seine Wirkung ja gerade dadurch, daß es tatsächliche Wünsche zu erfüllen verspricht. Es lebt von dem Kontrast zwischen dem öden und grauen, unter der Hitze nahezu zu ersticken drohenden Bahnhof und der Frische des Meeres, signalisiert durch die Gischt, in der der Junge steht. Das Plakat lebt durch die Konfrontation des sich frei bewegenden, laufenden Knaben mit der auf den Umkreis der Mutter begrenzten, dem Kind

[49]) genau diese Suggestionskraft, das Wecken und die Scheinbefriedigung von in der Tiefe der Seele verborgenen Wünschen nutzen Jörg Hemmers und Ilona Bertram, die Protagonisten in P. P. Zahls Roman „Die Glücklichen" aus, um einen Diebstahl durchzuführen. Sie entreißen einem Geldboten die Aktentasche mit dem sich darin befindlichen Geld, als er 30 Sekunden lang ein von ihnen eigens zu diesem Zweck an eine Plakatwand geklebte Werbeanzeige betrachtet. Bei Zahl heißt es: „Für dreißig Sekunden — jene Zeitspanne, die uns genügte, mit dem Motorrad über den Bürgersteig an das Treppchen heranzugelangen, auf dem Mann und Aktentasche standen — führte ein Plakat — das Bild einer nackten, den Meereswellen selbstvergessen hingegebenen Frau — den Geldboten zu sich selbst von sich fort, in einen Winkel seines Gehirns, der verdeckt, verhängt gewesen war hinter dem grauen Flanell seines Alltags, in einen Bereich, den er verdrängt hatte und den er verdrängen mußte." (Peter-Paul Zahl, Die Glücklichen, Schelmenroman, Berlin 1979, S. 270)

zu Verfügung stehenden Spielfläche, deren Enge noch durch das Verbotsschild ,,Betreten der Schienen verboten!" hervorgehoben wird (der Blick des Kindes zur Erwachsenengruppe verrät die geheime Angst vor dem Zurückgerufen werden). Und das Plakat erzielt seine suggestive Wirkung durch die Konfrontation des Schweigens der Mutter (diese reagiert auf das ,,Da!" des Kindes überhaupt nicht) mit der geradezu zur Kommunikation einladenden Geste des Jungen.

Doch schließlich sind es nur Versprechungen, die das Plakat macht. Die gezeigte Welt existiert nur in der Phantasie des Kindes. Dies ist dem Kind nicht bewußt — aber dem Knaben auf dem Plakat. Er will das Kind vor der Scheinerfüllung der Wünsche warnen, vermag dies aber nicht. Erst der Tod des Mädchens offenbart die versprochene Erfüllung der Wünsche des Kindes als Scheinerfüllung; erst nach dem Tod des Kindes ist der Junge auf dem Plakat ,,frei". Doch die Erwachsenen auf dem Bahnsteig sehen den Zusammenhang nicht; sie merken nicht, daß das Plakat nur deshalb seine Wirkung entfalten kann, weil sie die Wünsche des Kindes nicht erfüllen. So ist vielleicht der Schlußsatz zu verstehen: ,,Schuld an dem ganzen Unglück waren die Züge, die um diese Zeit so selten fuhren, als verwechselten sie Mittag mit Mitternacht. Sie machten die Kinder ungeduldig." (S. 32) Die Verantwortung der Erwachsenen für den Tod des Kindes wird abgewälzt.

Paul Hühnerfeld, Geschlossene Gesellschaft
(Pratz-Thiel, S. 33-40)

Arbeitsfragen/Aufgaben:

1. Zeigen Sie anhand der Überschrift auf, daß in ästhetischen Texten der Rezipient (Leser) aufgefordert ist, die gegebenen Denotate konnotativ zu ergänzen! Informieren Sie sich in diesem Zusammenhang auch über Sartres Stück ,,Geschlossene Gesellschaft" (im Original ,,Huis clos")!
2. Überlegen Sie, welche Bedeutung der Natur/Witterung in Hühnerfelds Geschichte zukommt, indem Sie
   — untersuchen, an welchen Stellen der Geschichte der Nebel erwähnt wird und in welchem Zusammenhang;
   — in Gedichtanthologien einige Gedichte mit dem Motiv ,,Nebel" lesen!
3. Weisen Sie am Text nach, daß Hühnerfelds Geschichte nicht linear verläuft, sondern mehrere Höhepunkte hat, und daß im Verlauf der Geschichte sich Leverkühn und Sänger (innerlich/äußerlich) immer mehr annähern!
4. Versuchen Sie mit Hilfe von Begriffen aus der Gruppensoziologie/Gruppendynamik (in-group/out-group; Auto-Stereotyp, Hetero-Stereotyp; Rolle, Rollenkonflikt) die Beziehungen zwischen den Personen der Geschichte zu untersuchen! (Hinweise und Texte finden sich in l.helbig, politik im aufriß bd. 1)
5. Halten Sie die Geschichte für übertragbar auf Ihre eigene Schulsituation?

Hinweise zur Interpretation:

Die Rahmenhandlung von Hühnerfelds Geschichte bildet ein Klassentreffen von Schülern, die sich zwanzig Jahre nach ihrem gemeinsamen Schulbesuch in der Stadt wiedersehen, in der sie zur Schule gegangen sind. Nicht vollständig ist die alte Klasse versammelt, denn durch Krieg und Nachkriegszeit sind Lücken in ihre Reihen gerissen worden. Die Überlebenden jedoch trauern nicht um die, die fehlen. Vielmehr ist die Stimmung aufgekratzt und kregel, und selbst der Tod eines Klassenkameraden („Ach ja, der kleine Ewald Ballermann", S. 35) wird in der Atmosphäre des rauchigen, verqualmten und von Gelächter angefüllten Hinterzimmers der Gastwirtschaft „zu einer gemütlichen Angelegenheit." (S. 35)

Doch nicht alle Teilnehmer des Klassentreffens schwelgen ausschließlich in verklärenden und verklärten Erinnerungen. Inmitten der einstigen Mitschüler sitzt Leverkühn — und doch ist er nicht einer der ihren, denn seit zwanzig Jahren bedrückt ihn sein Gewissen; er fühlt sich mitschuldig am Tode eines ihrer Lehrer, und er ist zum Klassentreffen gekommen, um dieses Schuldgefühl mit den anderen zu teilen und dadurch zu überwinden.

Das schlechte Gewissen, das er seit zwanzig Jahren mit sich herumträgt, seit dem Tag der Beerdigung des Lehrers Johannes Sänger, steht ihm förmlich im Gesicht geschrieben: am Ende der Geschichte hat er die „großen, erschrockenen Augen", die auch Sänger hatte. Zum Konflikt mit den Klassenkameraden, besonders mit dreien von ihnen, nämlich den damaligen wie heutigen Wortführern Lohkamp, Brussow und Petersen, kommt es, als Leverkühn aufgefordert wird, eine Anekdote aus der Schulzeit zu erzählen. Nach anfänglichem Zögern beginnt er, um endlich seine schwere Last loszuwerden, von Johannes Sänger, dem Zeichenlehrer, zu erzählen.

Als er nur den Namen des Lehrers erwähnt, beginnt im Saal ein tosendes Gelächter, unter dem Leverkühn „zusammenzuckt"; dennoch hält er an seiner Absicht fest und erzählt, wie es dazu kam, daß Sänger von der Schule verwiesen wurde und sich das Leben nahm. Seine Erzählung, die sich zur Anklage steigert, gipfelt in dem Satz: „Wir Mörder gingen mit zur Beerdigung . . ." (S. 39/40) Seine Anklage und sein Bekenntnis der Schuld münden in dem Urteil und dem Appell: „Wir alle haben ihn ermordet. Es ist darum nur recht und billig, wenn wir alle büßen. Nehmt mir die Angst ab!" (S. 40)
Doch seine Bitte bleibt unerfüllt; einen Moment lang sind seine Mitschüler noch überrascht und ruhig, schweigen und sind betroffen unter dem Eindruck des Bekenntnisses und der Anklage. Dann jedoch löst sich die Spannung wieder in brüllendem Gelächter und Spott auf; der Tod eines Lehrers wird ebenso „mit großzügigen Handbewegungen in den Nebel abgeschoben" (S. 40) wie der Tod des Klassenkameraden Ballermann. Und Leverkühn — von der schweren Niederlage getroffen — verläßt die Gesellschaft und geht nach draußen, „wo der Nebel und die Angst stärker als vorher ihn umfangen." (S. 40)

Die Handlung von Hühnerfelds Geschichte spielt auf zwei Ebenen, die ineinander verwoben sind: einmal auf der Ebene des gegenwärtigen Geschehens — die Zusammenkunft der ehemaligen Schüler, die Erzählung Leverkühns und die Reaktionen der anderen auf seine Erzählung. Dann auf der Ebene der Retrospektive, auf der Leverkühn die Auseinandersetzung der Klasse mit dem Lehrer Sänger wieder aufrollt.

Dabei wird im Laufe der Geschichte deutlich, daß sich das Geschehen von vor zwanzig Jahren wiederholt; nur ist es diesmal nicht ein Kampf zwischen den Schülern und ihrem Lehrer, sondern ein Kampf zwischen der Klasse und Leverkühn. Während Leverkühn erzählt, wird immer deutlicher, daß er in die Rolle Sängers gedrängt wird. Die Anführer der Klasse merken, daß der Kampf, den sie gegen Sänger geführt haben, nun unter veränderten Vorzeichen eine Neuauflage erfährt. Das spüren alle Beteiligten: endlich versucht Lohkamp sogar, Leverkühn in seinem Vortrag zu unterbrechen (siehe S. 35/36 und 38). Doch Leverkühn — er wundert sich über sich selbst — läßt sich nicht beirren und fährt fort in seiner Erzählung bis zu seinem Bekenntnis und seiner Anklage.

Auch die beiden Unteranführer der Klasse — Brussow und Petersen — versuchen mehrmals, Leverkühn zu unterbrechen oder ihn zu verwirren, wobei sie selbst um ihre Position, ihr Ansehen unter den Versammelten fürchten, zumal die Festigkeit, mit der Leverkühn an seinem Vortrag festhält, sie in immer stärkere Erregtheit bringt (. . . rief Brussow, S. 35; . . . kreischte Brussow, S. 36; . . . schrie Brussow, S. 37).

Doch letztlich erfährt Leverkühn das gleiche Schicksal wie Sänger: die Männer im Hinterzimmer der Gastwirtschaft verdrängen ihr Gewissen und drängen den aus der Gruppe, der es gewagt hat, menschliche Gefühle und Regungen zu zeigen. Sie drängen ihn schließlich auch in die Rolle, die Sänger vor zwanzig Jahren inne hatte: die Rolle des Schwachen, des out-siders, dem eine mächtige Wir-Gruppe gegenübertritt.

Hans Bender, Fondue oder Der Freitisch
(Pratz-Thiel, S. 41-44)

Arbeitsfragen/Aufgaben:

1. Untersuchen Sie genauer das Verhältnis zwischen Herrn und Frau Sutor sowie ihrem Sohn Oskar (besonders S. 42)!
2. Untersuchen Sie das Verhältnis der Sutor (Frau Sutor!) zur Hausangestellten Berta!
3. Hans Bender schreibt einmal: ,,die Figuren sind mehr typisiert als charakterisiert. Oft springt der Autor mit ihnen um wie der Filmregisseur und der Kameramann mit seinen Schauspielern: er rückt sie uns mal nah, mal fern; mal zeigt er sie in Großaufnahme, mal in Verzerrung". (in Theorie der Kurzgeschichte, a.a.O., S. 72)
   Trifft diese Aussage Benders auf seine Geschichte zu? Belegen Sie ihre Antwort am Text!
4. Setzen Sie Benders Kurzgeschichte als Einakter in Szene!

Hinweise zur Interpretation:

Mit einer Momentaufnahme eines Eßzimmers beginnt Hans Benders Kurzgeschichte. In der Eingangstür dieses Zimmers steht Marga Leibold, eine mittellose Studentin, die von der Familie Sutor, bestehend aus Herrn und Frau Sutor und ihrem Sohn Oskar, zum Mittagstisch eingeladen worden ist. Das Interieur des Raums charakterisiert die sozialen Verhältnisse der Sutors: ein barocker Nußbaumtisch, ein rotbrauner Perserteppich, geschliffene Gläser in Tulpenform, Ledersessel und eine weiße Batistdecke weisen die Sutors also nicht unvermögend aus.

Immer am Sonntag laden sie eine Studentin ein, die über geringe finanzielle Mittel verfügt und von der Universität geschickt wird. Ein sympathischer Zug, so scheint es! Doch während des Mahls erweist sich, daß die Sutors nicht aus Caritas die Einladungen aussprechen, sondern zu nichts anderem als zur Selbstdarstellung. Die scheinbare Großherzigkeit entpuppt sich als Arroganz, die scheinbare Hilfsbereitschaft als Hochmut. Von den drei Personen, mit denen Marga zu Mittag ißt, hat sich Herr Sutor noch so etwas wie hemdsärmelige Freundlichkeit bewahrt; er ist es auch, der sich im Verlauf des Essens mehrfach an den Gast mit Fragen, Hinweisen und Appellen wendet („Ranhalten, immer ranhalten!“). Doch auch zwischen ihm und Marga kommt es nicht zu einer wechselseitigen Kommunikation. Es geht ihm auch nicht wirklich darum, etwas über seinen Gast zu erfahren, sondern seine Gesprächsführung scheint ebenfalls überwiegend der Selbstdarstellung zu dienen (siehe S. 42/43).

Frau Sutor gibt sich von vornherein erst garnicht den Anschein, als gingen es ihr um ihren Gast. Nicht ein einziges Mal wendet sie sich mit einer das Mädchen betreffenden Frage oder einem persönlichen Wort an Marga. Ihre Beiträge zum Tischgespräch beschränken sich fast ausschließlich auf Anordnungen für die Haushaltsgehilfin, die stumm die Befehle Frau Sutors ausführt, und auf unverfrorenes Eigenlob.

Erst als Marga aufhört zu essen, wendet sich Frau Sutor der Studentin zu, allerdings auch eher aus verletztem Stolz denn aus Interesse am Gast („Schmeckt es Ihnen nicht?“). Auch Oskar, der Sohn der Sutors, der ganz offensichtlich mit der Mutter gegen den Vater verbündet ist (so weigert er sich etwa, dem Wunsch seines Vaters nachzukommen und am Sonntag im Anzug zu erscheinen; Herr Sutor verzichtet auf ein Händeklatschen der Frau darauf, den Jungen zu ohrfeigen), bringt die Abneigung gegen Marga deutlich zum Ausdruck. Sein Interesse an dem Mädchen sinkt bereits nach dem ersten Blick auf den Nullpunkt („Er sah, sie war nicht sein Typ.“, S. 42).

So widmet sich Oskar dann auch fast ausschließlich, aber dafür hingebungsvoll dem Fondue, wobei er die Tätigkeit seiner Kaumuskulatur nur dann unterbricht, wenn er in stereotypen Formeln seiner Mutter Lob zollt („Die hast Du ganz prima hingekriegt, Mama!; Prima, ganz prima, Mama!; Prima, ganz prima!“). Marga Leibold selbst kommt kaum zu Wort. Bezeichnend für die Kommunikationssituation ist, daß es sich bei ihren wenigen Redebeiträgen nahezu nur um knappe Erwiederungen handelt wie „Ja!“, „Danke, ja!“ und „Nein, ich kenne es nicht!“

Der Magen Margas, nur die schmale Mensakost gewöhnt, reagiert auf das schwere Menü und die unfreundliche Atmosphäre mit Übelkeit. Erst diese körperliche Reaktion ist es auch, die ihr die Kraft gibt, vom Tisch aufzustehen und in einem plötzlichen und raschen Entschluß die Sutors zu verlassen. Die Abschiedsszene verdeutlicht noch einmal die Haltung der drei Gastgeber Marga gegenüber. Während Frau Sutor ihren Ärger durch konsequentes Schweigen dokumentiert und sich nicht einmal zu einer Abschiedsfloskel bequemt, verharrt Herr Sutor in seiner schein-jovialen Haltung und ruft Marga ein „Beehren Sie uns wieder einmal!" nach. Oskar bringt dagegen seine Haltung offen zum Ausdruck und faßt sein Urteil über die Studentin in dem Satz zusammen: „Hoffentlich kommt am nächsten Sonntag nicht wieder so 'ne Ziege."

Bender zeigt in seiner Geschichte durch die Gegenüberstellung Marga Leibolds mit den Sutors die Kluft zwischen Menschen unterschiedlicher sozialer Stellung auf. Die Interaktionssituation zwischen den vier Personen ist von vornherein durch die soziale Rolle, die sie jeweils einnehmen, determiniert. Marga als die Eingeladene und sozial Schwächere wagt es deshalb auch nicht, die geheuchelte Freundlichkeit und den latent vorhandenen bzw. offen ausgedrückten Hochmut zu kritisieren bzw. zu thematisieren. So muß ihre körperliche Reaktion (die Übelkeit) als Antwort auf die unbefriedigende und demütigende Situation im Hause der Sutors verstanden werden. Somit nimmt Bender Pseudo-Hilfsbereitschaft und Wohlstandsdünkel aufs Korn.

Friedo Lampe, Die Alexanderschlacht
(Pratz-Thiel, S. 44-52)

Arbeitsfragen/Aufgaben:

1. Untersuchen Sie, wie Lampe die Schlacht zwischen den Heeren Darius' und Alexanders sprachlich gestaltet (bes. S. 48, letzter Absatz bis S. 51 zum Beginn des 2. Absatzes)! Setzen Sie die Sprache in Beziehung zum Inhalt dieses Abschnittes der Erzählung!
2. Untersuchen Sie einmal die Figur Albrechts unter folgenden Aspekten genauer:
   a) sein Verhalten gegenüber den drei anderen Personen;
   b) seine Begeisterung für Alexander (informieren Sie sich in einem Lexikon/Geschichtsbuch über Alexander und lesen Sie Brechts „Fragen eines lesenden Arbeiters");
   c) die Einschätzung der Perser, die in dem Satz zum Ausdruck kommt: „Eine alte, verfallene Welt steht gegen eine junge, freie Männer gegen ein Sklavenheer, die *besten Krieger Europas gegen die Weichlinge Asiens,* die längst der Waffen entwöhnt sind." (S. 48)

3. zu 2c) Vergleichen Sie die Einschätzung der Sowjetunion durch Hitler nach dem Überfall auf die Sowjetunion mit der Einschätzung der Perser durch Albrecht![50])
4. Nach dem abrupten Verlassen der Abendgesellschaft zieht sich Albrecht in die *Natur* zurück; sein Freund Sebald beschäftigt sich mit dem *Naturmaler* Altdorfer. Versuchen Sie einmal auf diesem Hintergrund, Albrechts (und auch Sebalds) Grundhaltung der (modernen) Welt gegenüber zu charakterisieren!

Hinweise zur Interpretation:

Friedo Lampe[51]) schildert einen Nachmittag und einen Abend im Leben des Marburger Studenten Albrecht, der sich zur Zeit auf Einladung seines Onkels Otto, eines Tabakfabrikanten, zu einem Kuraufenthalt in einem nicht näher bezeichneten Ort aufhält. Lampe kontrastiert die Oberflächlichkeit des Onkels von Albrecht sowie des Bankdirektors Kölsen und seiner Tochter mit der zur völligen Identifizierung mit dem Stoff übersteigerten Faszination Albrechts vom Thema seiner Doktorarbeit. Albrecht geht in seinem Stoffgebiet (Die Kriege Alexanders des Großen) auf und hat für die (oberflächlichen) Dinge des Alltags keinen Blick mehr.

Die Beziehungen zwischen Albrechts Onkel, Bankdirektor Kölsen und seiner Tochter sind auf erschreckende Weise einfach und nüchtern. Der Onkel Albrechts verspricht sich offensichtlich von guten Beziehungen zu Kölsen geschäftliche Vorteile; deshalb ist er bei der Begegnung im Park nicht nur behende dabei, Kölsen mit einem ,,zierlichen Kratzfuß" zu begrüßen, sondern er dokumentiert sein Interesse auch durch eine Einladung zum Besuch des Theaters (Logenplätze auf seine Kosten!). Gleichzeitig empfiehlt er seinem Neffen, mit der Tochter Kölsens anzubändeln, da sie eine ,,glänzende Partie" ist. Kölsen seinerseits akzeptiert nicht nur die devoten Schmeicheleien und Gunstbeweise von Albrechts Onkel, auch er scheint seine Tochter eher als Teil seiner Finanzmasse zu sehen, denn als Persönlichkeit mit eigenem Willen und eigenen Interessen.

Das Mädchen wiederum hat sich mit dieser Rolle nicht nur abgefunden, sondern identifiziert sich mit ihr. Für sie ist es selbstverständlich, daß sich eine Beziehung zwischen ihr und Albrecht entwickelt, und sie ist enttäuscht, als Albrecht die kleine Gruppe nach dem gemeinsamen Theaterbesuch (nahezu fluchtartig) verläßt. Dabei ist der Leser durchaus geneigt, Albrechts Urteil über das Mädchen (,,dumme Gans") zuzustimmen, da sich ihr Anteil am Gespräch in

50) etwa Hitler zum Heldengedenktag (Rede am 21.3.43) in T. Pelster, Rede und Rhetorik, Düsseldorf 1972 oder Rundfunkrede am 30.1.45 in H. Schlüter, Grundkurs der Rhetorik, München 1977 (Pelster bes. S. 100/101; Schlüter bes. 254-257)

51) Lampes Tod ereignete sich unter ungewöhnlichen Umständen. Bei Soergel/Hohoff heißt es, ,,er wurde fälschlicherweise für einen SS-Mann gehalten und erschossen". (Dichtung und Dichter unserer Zeit. Vom Naturalismus bis zur Gegenwart Bd. II, Düsseldorf 1963, S. 771)

naiv-dümmlichen Bemerkungen („es gibt doch nichts Gemütlicheres, als im Theater zu sitzen und eine Praline zu lutschen") erschöpft und sich die Schlichtheit ihres Gemüts in ständigen Plattidüden offenbart („was haben Sie für einen guten Onkel").

Die Rahmenhandlung — die Begegnungen und Gespräche der vier Personen — umschließt die ausführliche Darstellung eines Traums von Albrecht. Während des gemeinsamen Besuchs eines Theaterstückes versinkt Albrecht in Träumerei. Gemeinsam mit seinem Freund Sebald nimmt er am Kampf Alexanders und seiner Truppen gegen Darius teil. Im Verlauf der Schlacht wird er verwundet und kann erst entschlafen, als der König selbst ihm gegenübersteht und ihm für seine Tapferkeit dankt.

Als er aus seinem Traum erwacht, ist ihm die Gegenwart der drei anderen Personen noch unerträglicher. Trotz der Proteste seines Onkels verläßt er die Abendgesellschaft und zieht sich in die Einsamkeit der Natur zurück, ganz seinen Gedanken an Alexander nachhängend.

Heinz Huber, Die neue Wohnung
(Pratz-Thiel, S. 53-61)

Arbeitsfragen/Aufgaben:

1. Welche Bedeutung kommt Ihrer Meinung nach der Überschrift zu?
2. Untersuchen Sie das Verhältnis von *MARX*(?) Messemer zu seiner Frau durch eine Analyse der Gesprächsführung auf den S. 55-60! Charakterisieren Sie die Kommunikationsstruktur!
3. Charakterisieren Sie das Verhältnis der fünf Personen zueinander!
4. Untersuchen Sie Prospekte bzw. Werbematerial von Einrichtungshäusern und „Wohn-Studios" etc. im Hinblick
   — auf deren sprachliche Gestaltung und
   — auf etwaige darin zum Ausdruck kommende Werte, Normen etc.
   Vergleichen Sie Ihre Untersuchungsergebnisse mit den Ergebnissen Ihrer Analyse von Hubers Kurzgeschichte!

Hinweise zur Interpretation:

Heinz Hubers 1959 in einer Prosasammlung erstveröffentlichte Kurzgeschichte gestaltet am Beispiel von fünf Personen die Problematik der Entfremdung zwischenmenschlicher Beziehungen im bundesrepublikanischen Deutschland des Wirtschaftswunders.

Der Ich-Erzähler, seine Frau und Fräulein Kliesing sind wieder einmal bei Messemers eingeladen. Den Ich Erzähler und Marx Messemer verbindet die gemeinsame berufliche Tätigkeit, und zwischen den beiden Familien hat sich im Laufe der Zeit ,,eine nette Freundschaft entwickelt.'' (S. 53), die sich in mehr oder weniger regelmäßigen gegenseitigen Besuchen ausdrückt.

Den Anlaß für den in der Geschichte geschilderten Besuch bildet der Einzug von Messemers in die neue Wohnung, die gleichsam stellvertretend für den gesellschaftlichen Aufstieg der Messemers und auch der Familie des Ich-Erzählers steht. Aufgrund des Lebensstils, den Huber beschreibt, und der Tatsache, daß der Ich-Erzähler von Messemer als einem ,,Kollegen im Betrieb'' spricht, kann man vermuten, daß der geschilderte Personenkreis zur ,,neuen Mittelschicht'' gehört.[52])

Sozialer Wandel, Vorwärtskommen im Beruf und im Privatleben, festgemacht am Erwerb von Statussymbolen, haben das Bewußtsein dieser Schicht geprägt. Nach den Jahren der Entbehrung in der Kriegs- und Nachkriegszeit geht es nun offensichtlich aufwärts: ,,Wir begannen Geld zu verdienen, und begannen, uns gegenseitig einzuladen, und heute bilden wir eine Art neue Gesellschaftsgruppe, die ihre eigenen Formen herauszubilden beginnt, und zwar eine durchaus wieder respektable.'' (S. 53). Zusammengefaßt lautet die Selbsteinschätzung des Ich-Erzählers: ,,Wir sind middle class (keineswegs bürgerlich, wohlgemerkt) und wissen, was uns zukommt.'' (S. 54)[53])

Die Beziehung zwischen der Familie des Ich-Erzählers und derjenigen Marx Messemers ist dadurch gekennzeichnet, daß Messemers den neuen Lebensstil weitaus perfekter beherrschen, was der Ich-Erzähler beim Betreten der neuen Wohnung erneut feststellen muß und nicht ganz ohne Neid anerkennt: ,,Bei ihm (= Messemer, B.M.) stimmt immer alles, während bei mir immer eine Kleinigkeit zur Perfektion fehlt.'' (S. 53). Und so nimmt die Beschreibung der perfekt abgestimmten Details der Wohnung einen großen Teil der Gespräche ein, die bei diesem Besuch geführt werden, Gespräche, die sich außer durch ihre Oberflächlichkeit durch nichts auszeichnen. ,,Wir standen zwanglos und zwanglos plaudernd auf dem graphitgrauen Velours herum und hielten formschöne Gläser in der Hand (...).'' (S. 54)

Diese Oberflächlichkeit der Beziehung zwischen den Personen signalisiert auch die zweimalige Verwendung des aussageschwachen Adjektivs ,,nett'', einmal als Adjektivattribut (nette Freundschaft, S. 53) und dann prädikativ (der

[52]) zum ,,neuen Mittelstand'' zählen Angestellte und Beamte, zum ,,alten Mittelstand'' gehören Handwerker, Händler usw. (vergl. etwa Bolte/Kappe/Neidhardt, Soziale Schichtung der Bundesrepublik Deutschland in K.M. Bolte, Deutsche Gesellschaft im Wandel 1, Opladen [2]1966)

[53]) In der Selbsteinschätzung des Ich-Erzählers ergeben sich verblüffende Parallelen zu Schelskys Theorie von der ,,nivellierten Mittelstandsgesellschaft'': ,,Das Zusammenwirken dieser sich begegnenden Richtungen des sozialen Auf- und Abstiegs führte zu einem Abbau der Klassengegensätze, zu einer sozialen Nivellierung der Gesellschaft in einer sehr breiten, verhältnismäßig einheitlichen Gesellschaftsschicht, die ebensowenig proletarisch wie bürgerlich genannt werden kann.'' (H. Schelsky, Auf der Suche nach der Wirklichkeit, Gesammelte Aufsätze, Düsseldorf/Köln 1965, S. 339f zitiert nach Braun/Hamann, Kursbuch Politik, Frankfurt a.M. 1977, S. 199)

Abend war nett, S. 60). Zudem taucht es noch einmal als Substantiv/Subjekt auf (Das Nette an unseren Gesprächen ist..., S. 58).

Die glatte Stimmung der fünf Personen droht nun für einen Moment umzuschlagen, als nämlich Fäulein Kliesing durch eine ungeschickte Wahl des Sitzplatzes die perfekte Harmonie des Raumes stört:

„Ein kleines Problem ergab sich, als wir uns in die Sitzecke gruppierten. Fräulein Kliesing ließ sich in Messemers neuem Sessel nieder, hüpfte aber wieder aus dessen Schale empor, als habe sie sich in eine Nadel gesetzt: ihr lachsfarbenes Kleid sehe vor dem Himbeerrosa des Sesselbezuges scheußlich aus, und damit hatte sie recht. Es war umso schlimmer, als das gefährliche süße Himbeerrosa des Bezuges geradezu raffiniert abgestimmt war auf das ebenso gefährliche Esmeraldgrün der Tapete dahinter." (S. 55)

Huber faßt die Situation und die Lebensauffassung der Personen in der elliptischen Dreierfigur „Exakte Improvisation, Cool Jazz, Präzision des Lebensstils" (S. 54) zusammen, die an einen Werbeslogan erinnert.

Nun erhält der Abend allerdings doch noch eine eigentümliche Wendung. Nach dem ausgiebigen, nichtssagenden Geplauder und seichtem Geschwätz, und nachdem Fräulein Kliesings faux-pas durch eine Änderung der Sitzposition korrigiert worden ist, wird Messemer aufgefordert, doch zu erzählen, wie er an die neue Wohnung gekommen sei. Und nun erzählt Messemer die story („er ist ein guter Erzähler", S. 56) von der neuen Wohnung als eine Geschichte in der Geschichte.

Die Schilderung des Besuchs und der Eingangsgespräche kommt somit die Funktion einer *Rahmenerzählung* zu, die die story Messemers umschließt.

Vor dem Einzug der Messemers lebten in der Wohnung zwei alte Damen; die eine, eine Professorenwitwe, machte durch ihren Tod schließlich eines der Zimmer verfügbar. Doch in dem „zweiten Zimmer, wo jetzt unsere Eßecke ist, wohnte eine andere alte Dame, die nicht starb und die sich auch beharrlich weigerte, in ein Altersheim zu gehen (...)!" (S. 58)

Im Gegensatz zum abgestimmten Interieur der Wohnung der Messemers und ihrer Freunde lebten die beiden alten Damen in einer chaotischen Unordnung. Die Möbel verrotteten, sämtliches Inventar befand sich in einem heillosen Durcheinander — so das Zimmer der Professorenwitwe. Während deren Zimmer geradezu übervoll von Möbeln war, fehlten diese fast völlig im Zimmer der anderen alten Dame. Besonderes Kennzeichen ihres Zimmers war ein riesiger Berg Vogelfutter, der nahezu ein Viertel der Bodenfläche einnahm.

Messemers nisteten sich zunächst im Zimmer der Professorenwitwe ein und vertrieben dann die „Vogelfutterdame" durch Briefe an deren Verwandte, durch Gespräche mit den Hausbewohnern und Bezahlung der Miete, so daß die alte Dame schließlich in ein Altersheim eingewiesen wurde.

Dabei erzählt Messemer diese Geschichte von den beiden alten Damen mit der gleichen (gespielten?) Anteilnahmslosigkeit und Kühle, mit der er über seine Platten plaudert. Seine Ignoranz, Oberflächlichkeit und Brutalität offenbaren sich dabei gleichermaßen, als er das Schicksal des Mannes der „Vogelfuttertante" (die Namen der beiden Damen kennt er offenbar nicht mehr!) mit dem Euphemismus (= beschönigende Umschreibung negativer Tatbestände, z.B. von uns gehen anstatt sterben) umschreibt: ,,Soviel man weiß, ist der Mann der Vogelfuttertante im Dritten Reich *abhanden gekommen*!" (S. 59)

Für Messemer hat die alte Dame halt nur einen Tick — menschliche Anteilnahme, Verständnis für eine Frau, deren Mann wohl inhaftiert und wahrscheinlich ermordet wurde, kann er nicht aufbringen (,,Dabei war er garnicht politisch tätig", meint Messemer, so als sei das Verschwinden des Mannes ein Betriebsunfall oder ein Versehen gewesen, das bei politischer Tätigkeit sogar gerechtfertigt gewesen wäre). Er und seine Frau haben in den beiden alten Damen nur lästige Hindernisse auf dem Weg zur neuen Wohnung gesehen, Hindernisse, die zu beseitigen waren.

Doch die Gegenwart ist für die Messemers auch nach der Beseitigung ihres Problems mit den alten Damen nicht ganz sorgenfrei! Auch jetzt noch, schon lange nach Messemers Einzug, kehren die Vögel ständig in die Wohnung der alten Dame, in die jetzige Wohnung der Messemers, zurück und hüpfen im Zimmer herum. Und — hier konfrontiert Huber die glatte Perfektion der Messemers mit einer ,,surrealistischen" Tatsache — ein weiteres Problem entsteht dadurch, daß immer wieder und immer noch Vogelfutter aus den Fußbodenritzen dringt. ,,Ich dachte, es würde besser werden, wenn wir erst einmal einen Staubsauger hätten, aber nun haben wir einen, und es ist genauso schlimm". (S. 60)

Durch die Konfrontation der ,,Präzision des Lebensstils" mit der für die Messemers nicht (auch nicht durch die Anschaffung eines Staubsauger) zu bewältigenden Unordnung, die durch die im Zimmer auftauchenden Vögel und das Vogelfutter entsteht, entlarvt Huber die Welt der Messemers als inhaltsleer, oberflächlich und letztlich unmenschlich. Durch die Gegenüberstellung der ,,geordneten Verhältnisse" der Messemers (alles muß an seinen richtigen Platz, auch Fräulein Kliesing) und der Unordnung in den Zimmern der alten Damen hält Huber der aufstiegsorientierten, nach Erfolg strebenden middle class als Repräsentanten des Wirtschaftswunders des Spiegel menschlicher Unzulänglichkeit vor, in der sich die polierte Fassade der Messemers als unmenschliche Fratze verzerrt widerspiegelt. Der glatte Perfektionismus der Wohnung widerspiegelt nur die Kühle und den glatten, eiskalten Perfektionismus der menschlichen Beziehungen, die zwischen den fünf Personen bestehen. Die harmonische Unordnung, in der die alten Damen lebten, ist von tieferer menschlicher Wärme geprägt (auch wenn sich die Damen im Alter zerstritten haben!) als die sterile und künstliche Möbelhauskatalogharmonie der Messemers.

Hinweise zu sprachlichen und stilistischen Mitteln:
Charakterisierung der Lebensumstände und der sozialen Herkunft des Ich-Erzählers durch den Chiasmus: ,,. . .unsere Eltern hatten es zu nichts Rechtem gebracht, und die es zu etwas gebracht hatten, waren nicht unsere Eltern." (S. 53);

Verwendung von Alliteration und Klimax (zum Teil gemeinsam):

,,die Sicherheit seines Geschmacks, sein Stilgefühl, seine Modernität" (S. 53)

,,in diesem Zimmer hier hat also die Witwe des Professors gewohnt oder gehaust und war schließlich gestorben". (S. 58);

Verwendung zahlreicher Bilder: Rumpelkammer des 19. Jahrhunderts, Chitinpanzer eines altmodischen Insekts, S. 57

Martin Walser, Die Rückkehr eines Sammlers
(Pratz-Thiel, S. 61-69)

Arbeitsfragen/Aufgaben:

1. Untersuchen Sie das Verhältnis der Kinder zu ihren Eltern!
2. Kann man Walsers Geschichte als gesellschaftskritisch bezeichnen? Begründen Sie Ihre Meinung am Text durch eine Untersuchung folgender Einzelaspekte:
   a) inwieweit stellt Walser menschliche Verhaltensweisen und Schwächen dar und kritisiert diese?
   b) untersuchen Sie das Verhalten der Öffentlichkeit (Presse und Politiker)!
   c) welche Funktion kommt der Darstellung der übersteigerten Sammelleidenschaft von Bonus zu?
   d) zeigen Sie Aspekte der Geschichte auf, in denen die Situationskomik ins Absurde übersteigert wird! Deuten Sie diese Textstellen im Gesamtzusammenhang der Fragestellung!
3. Vergleichen Sie ,,Die Rückkehr eines Sammlers" mit Bölls ,,Unberechenbare Gäste"!

Hinweise zur Interpretation:

> ,,Der Autor kann eine alltägliche Situation im entsprechend ,mittleren' Stil erzählen, d.h. ohne ungewöhnlich-auffällige Effekte (z.B. Hans Bender, Der Brotholer). Er kann jedoch in einer alltäglichen Situation auch eine groteske, abrupte und verblüffende Veränderung eintreten lassen; man spricht dann von einer *Überdrehungskurzgesichte* (z.B. Böll, Unberechenbare Gäste, Kafka, Die Verwandlung, Martin Walser: Matinee)".[54]

Merkmale einer solchen Überdrehungskurzgeschichte lassen sich unschwer in Walsers ,,Die Rückkehr eines Sammlers" ausmachen. Die Geschichte ist in der Nachkriegszeit angesiedelt. Einige Jahre nach dem Krieg beantragt Alexander *Bonus* (= gut), in seine ehemalige 6-Zimmer-Wohnung zurückkehren zu können. Während des Krieges hatte er die Wohnung verlassen müssen, und nun leben zwei Familien mit mehreren Kindern in den sechs Räumen. Bonus bittet um die Zuweisung der Wohnung, weil er seine Federsammlung dort unterbringen will, eine Federsammlung, die in den Räumlichkeiten, in denen sie jetzt untergebracht ist, zu verrotten drohe.

Schließlich werden Bonus zwei Zimmer zugesprochen, und er zieht mit der ersten seiner Vitrinen dort ein. Bis zu diesem Zeitpunkt ist die Geschichte noch nicht dem Alltäglichen entrückt. Bonus erscheint uns lediglich als ein alter Herr

[54]) Josef Donnenberg, Bevorzugte Gattungen I: Kurzgeschichte, Reportage, Protokoll in Theorie der Kurzgeschichte, a.a.O., S. 87

mit Sammlerleidenschaft, dem während der Kriegszeit ein Unrecht widerfahren ist (er ist „fast gewaltsam aufs Land" gebracht worden), dem ein Herzleiden zu schaffen macht und der seine umfangreiche Federsammlung nach seinem Tode sogar der Allgemeinheit überlassen will.

Doch mit dem Einzug von Bonus in die Wohnung verändert sich das Leben der dort wohnenden Familien schlagartig. Während die Erwachsenen dem „alten Mann mit dem fleischigen Jünglingsgesicht und den milchweißen Haaren" (S. 62) zunächst noch mißtrauisch gegenüberstehen, versteht Bonus es sofort, das Interesse der Kinder zu gewinnen. Dies verwandelt das Mißtrauen der Eltern in Furcht vor dem „zarten weißhäutigen Mann" mit den „kleinen weißen Händchen". (S. 63)

Und in der Tat ist diese Furcht nicht unberechtigt. Nach und nach versteht es Herr Bonus, die Familien aus ihren Wohnräumen zu verdrängen und Platz für seine Vitrinen zu schaffen, wobei die Kinder seine stärksten Verbündeten sind.

Im Verlauf der Geschichte kommt es dabei zur Schilderung absurder Szenen. Die Kinder etwa lehnen sich gegen ihre Eltern auf, ja lassen sich sogar von diesen schlagen, nur um die Eltern zu veranlassen, die Vitrinen, die mittlerweile auch in ihren Zimmern stehen, dort aufgestellt zu lassen.

Die Erwachsenen, die sich zunächst noch gegen Bonus auflehnen, schämen sich schließlich für den berechtigten Zorn, den sie über Bonus' anwachsende und anmaßende Ansprüche entwickelt haben. Endlich räumen sie sogar bei Nacht ihre mittlerweile von Vitrinen zugestellten Zimmer, um in einer „Notbaracke — oder wenn es nicht anders ging — sogar im Freien" zu campieren (S. 68). Die Zeitungen preisen Bonus' Federsammlung als kulturelles Erbe, das es zu verteidigen gelte, und fordern die Öffentlichkeit auf, „Bonus sofort mit großzügigen Subventionen zu unterstützen und ihm *wenigstens* seine sechs Zimmer zur Verfügung zu stellen." (S. 68)

Und Bonus selbst? Im Verlauf der Geschichte erscheint er nicht nur immer mehr als alter Sonderling, sondern als geschickter Taktiker, der die Schwächen seiner Mitmenschen (z. B. das geringe Durchsetzungsvermögen der Erwachsenen, die irrationale Wertschätzung der Federsammlung als hohes Kulturgut) konsequent und zielsicher für sich auszunutzen versteht. Dabei tritt er nach außen immer als liebenswürdiger, freundlicher Mann auf, was Walser durch das Wiederholen der Geste des Lächelns verdeutlicht:

— . . . er sagte mit mildestem Lächeln, S. 63
— . . . rieb den Kopf liebkosend an der Holzkante, lächelte und . . ., S. 63
— . . . gab Bonus lächelnd zur Antwort, S. 65
— . . . Bonus lächelte, S. 65
— . . . Bonus lächelte mild, S. 66
— . . . und lächelte, S. 67
— . . . dachte Bonus und lächelte, S. 68

Durch sein Auftreten gelingt es Bonus sogar, die durch seine Vitrinen bedingten Einschränkungen des Familienlebens seiner Nachbarn als mit großen Opfern für ihn verbunden darzustellen, wenn er etwa — in völliger Umkehrung der Tatsachen — die den Nachbarn aufgenötigten Glaskästen als sozusagen „großzügige" Leihgabe darstellt, die er an die Bedingung knüpft, seine Vitrinen ab und an besuchen zu können (siehe S. 65, mitte bis unten).

Gleichzeitig erscheint seine Beziehung zu den Vogelfedern nicht nur überhöht, sondern fast schon pathologisch: er vermenschlicht die Federn (...sie lagen tot auf ihren Polstern, S. 64), er kommuniziert mit ihnen (...er winkte seinen Vitrinen zu, als wären es Lebewesen, S. 65), ja, er bringt ihnen Gefühle und Zärtlichkeit entgegen (...dann rieb er seine jetzt farblosen fleischigen Wangen wie zur Liebkosung an der Holzkante und öffnete die Vitrine, S. 69)

In den Mittelpunkt der Interpretation der facettenreichen Geschichte können unterschiedliche Aspekte gerückt werden: das Verhältnis von Bonus zu den Erwachsenen, die Reaktion der Öffentlichkeit, die Situationskomik.

Walter Jens, Bericht über Hattington
(Pratz-Thiel S. 73-75)

Arbeitsfragen/Aufgaben:

1. Zeigen Sie, mit welchen sprachlichen Mitteln Jens die sich steigernde Hysterie der Bürger von Knox zum Ausdruck bringt!
2. Deuten Sie den Schlußsatz der Geschichte!
3. Informieren Sie sich in einschlägigen Sach- bzw. Schulbüchern über Entstehung und Funktion von Vorurteilen, über Projektion, die Entwicklung von „in-group" und „out-group" Mentalität sowie die Entstehung und Entladung von Aggressionen! (Brauchbare Texte finden sich etwa in 1. helbig, politik im aufriß bd. 1, diesterweg verlag 1661, Kap. VII)
4. Vergleichen Sie die Kurzgeschichte mit H. von Kleists „Das Erdbeben in Chili" und Arthur Millers „Hexenjagd" (The Crucible)

Hinweise zur Interpretation:

Die erzählte Zeit von Walter Jens' „Bericht über Hattington" umfaßt die Spanne von sechs Monaten, genauer vom 15. November bis zum Karfreitag des folgenden Jahres. Ort des Geschehens ist die Kleinstadt Knox.

In Jens' Kurzgeschichte erfahren wir über Hattington, wie wir es vielleicht aufgrund des Titels erwarten, so gut wie nichts. Vielmehr zeichnet Jens das Psychogramm der Einwohner des Städtchens Knox, die sich aus Furcht vor Hattington in eine Massenhysterie steigern. Mitte November bricht Hattington nämlich aus dem Gefängnis von Colville aus, und es wird allgemein vermutet, daß er versucht, nach Knox zu fliehen, um „Rache zu nehmen". (S. 73)

Jens skizziert die Entwicklung im Örtchen Knox in drei Phasen, in denen die Gemütslage und das Verhalten der Bewohner von Knox von Angst und Furcht über „allgemeine Raserei" bis zu „hysterischem Taumel" eskalieren und schließlich sogar in Lynchjustiz ihren Höhepunkt finden.

Die erste Phase ist zeitlich zu datieren vom 5. Dezember (Tag der Flucht Hattingtons) bis zum 10. Januar des folgenden Jahres. Die erste Phase ist bestimmt durch Angst („Angst wohnte in unserer Stadt", S. 73) und gegenseitiges Mißtrauen (das „Mißtrauen beherrschte die Stadt", S. 73). Geheimnisvolle Annoncen in den Lokalblättern, anonyme Briefe und Suchaktionen der Polizei sowie Sicherungsmaßnahmen („nach 10 Uhr abends verließ niemand das Haus, S. 73) bestimmen das Verhalten der Menschen. Die Spannung scheint sich zu lösen, als ein reisender Weinhändler berichtet, er habe Hattington in einer kanadischen Kleinstadt gesehen. Die Furcht vor Hattington, die wie ein Alb auf allen Bewohnern des Städtchens liegt, löst sich nach dieser Nachricht in einem Fest „wie seit Jahren nicht mehr". (S. 74).

Doch am 11. Januar wird am Fluß die Leiche eines Mädchens gefunden, zwei Tage später wird ein anderes Mädchen von einem Maskierten grausam mißhandelt. Verstärkt kehren Angst und Furcht nun schlagartig zurück: schwarze Listen kursieren, Verleumdungen zieren die Häuserwände, jeder verdächtigt jeden, es beginnt eine allgemeine „Hexenjagd, die an schlimmste Zeiten" (S. 74) denken läßt, so daß der Erzähler kommentiert: „Das hat mir wieder einmal gezeigt, wie schnell die allgemeine Raserei im Schatten der Angst und des Schreckens gedeiht." (S. 74) Eine wahre Massenhysterie setzt jedoch nach dem 17. März ein, als ein weiterer Mord geschieht: es kommt zur Lynchjustiz an einer Gruppe Neger, zu einem Pogrom gegen einen jüdischen Arzt, „Revolver, Messer und Knute" regieren. Sogar der Pfarrer ruft nun von der Kanzel aus zur allgemeinen Hetzjagd auf.

Die Natur macht schließlich dem ganzen Spuk ein Ende. Die Schneeschmelze bringt an den Tag, daß Hattington bei seinem Ausbruchversuch nur hundert Meter vom Gefängnis entfernt im Eis erfroren ist.

In einem „Nachspann" berichtet der Erzähler nun von den Reaktionen der Bevölkerung: Ruhe kehrt wieder ein, viele Bürger verlassen den Ort. Die Morde bleiben unaufgeklärt und ungesühnt. Der Erzähler schließt seinen Bericht mit einer These: „Eines aber ist sicher: es gibt nicht viele Leute in unserer Stadt, die frei sind von Schuld." (S. 75).

Nicht Hattington steht also im Mittelpunkt der Erzählung, sondern die schuldhafte Verstrickung von Bürgern eines amerikanischen Kleinstädtchens (wobei der Schauplatz sicher beliebig ist; die Geschichte ist also auch auf „deutsche Verhältnisse" übertragbar). Hattington setzt als anonyme Bedrohung latent vorhandene Ängste frei, die sich — wie nach einem Aggressionsstau — explosionsartig entladen. Hattington gerinnt zu einem imaginären Sündenbock — und da dieser nicht greifbar ist, projezieren die Bürger eigene Ängste auf Minderheiten am Ort (die Neger, der jüdische Arzt). Die Ängste und unbewältigten Zwänge des einzelnen Bürgers offenbaren sich in einem Syndrom von Kollektivhaß, der eine ganze Bevölkerung erfaßt und sich in Gewalt, Brutalität und Irrationalismus Bahn bricht.

Heinrich Böll, Mein trauriges Gesicht
(Pratz-Thiel, S. 76-81)

Arbeitsfragen/Aufgaben:

1. Welche Funktion kommt dem einleitenden Absatz (Hafenszene) zu? Untersuchen Sie den Abschnitt auch in sprachlicher Hinsicht!
2. Zeigen Sie in Bölls Kurzgeschichte sprachliche und stilistische Mittel der Ironie auf!
3. Warum hat der Verfasser als Titel ,,Mein trauriges Gesicht'' gewählt? Versuchen Sie eine Beantwortung der Frage, indem Sie untersuchen, wie und an welchen Stellen der Geschichte Böll das Gesicht des Ich-Erzählens bzw. anderer Personen erwähnt.
4. Deuten Sie den Schluß der Geschichte!
5. Vergleichen Sie Bölls Kurzgeschichte mit ,,Ein Freund der Regierung'' von Lenz!

Hinweise zur Interpretation:

In einem imaginären Staatswesen, dessen derzeitiger Regierungschef die Parole ,,Glück und Seife'' zu seinem Motto erkoren hat, ist Heinrich Bölls Kurzgeschichte ,,Mein trauriges Gesicht'' angesiedelt.

Der Ich-Erzähler steht gedankenverloren und mit traurigem Gesicht im Hafen und blickt dem Flug einer Möve nach. Eine Hand legt sich auf seine Schulter, die Hand eines Polizisten. Der Erzähler wird verhaftet: Grund — sein trauriges Gesicht. Bei seinem Verhör auf der Polizeiwache erfahren wir, daß seit 12 Stunden ein Gesetz in Kraft ist, das allen Staatsbürgern vorschreibt, ein glückliches Gesicht zu haben. Zu seiner Entschuldigung bringt der Erzähler vor, von dem Gesetz nichts gewußt zu haben, doch die Entschuldigung wird nicht akzeptiert. Schließlich stellt sich heraus, daß er am vorigen Tag erst aus einer fünfjährigen Haft entlassen worden ist, zu der er verurteilt worden ist, weil er am Todestag des letzten Regierungschefs ein glückliches Gesicht gezeigt hatte. Wegen seines ,,traurigen Gesichts'' wird er nun zu 10 Jahren Haft verurteilt, und er zieht daraus die Konsequenzen: ,,Ich aber muß versuchen, gar kein Gesicht mehr zu haben, wenn es mir gelingt, die nächsten zehn Jahre bei Glück und Seife zu überstehen...'' (S. 81)

Der Leser fühlt sich bei der Lektüre von Bölls Kurzgeschichte ohne Zweifel an Orwells ,,1984'' erinnert: der Staat, in dem die absurden Ereignisse sich ereignen, trägt deutliche Züge einer Diktatur; bei der Schilderung des Weges vom Hafen zum Polizeigebäude trägt Böll wie bei einem Puzzle einzelne Teile zusammen, die sich schließlich durch die Verurteilung des Ich-Erzählers zu dem Gesamtbild eines totalitären Regimes [faschistischer Provinienz: die braunen Uniformen] vereinigen.

1. Totale Propaganda/Ideologie der Gleichmacherei
Als sich des Polizisten „amtliche Hand" auf die Schulter des Ich-Erzählers legt, wird er von dem Polizisten mit „Kamerad" angeredet. Als der Erzähler daraufhin den Schergen mit „mein Herr" tituliert, anwortet dieser *zornig*: „Es gibt keine Herren" und „Wir sind alle Kameraden". Dabei entlarvt Böll durch die gleichzeitig ablaufende Handlung — die Verhaftung des Ich-Erzählers nämlich — die Aussage des Polizisten und macht deutlich, daß das gleichmacherische „Wir sind alle Kameraden" pure Fiktion ist, ein sprachlicher Schleier, der die tatsächlich existierende Ungleichheit zwischen Herrschenden und Beherrschten sprachlich überdecken soll. Böll zeigt auf, daß der getreue Staatsdiener diese Ideologie verinnerlicht hat, daß er also an die Parole „Wir sind alle Kameraden" (Wir sitzen alle in einem Boot?) glaubt, denn der Ich-Erzähler gesteht dem Polizisten zu: „Sein Zorn war echt." (S. 77)

Erreicht wird diese vollständige Verinnerlichung der offiziellen Staatsideologie durch eine perfekte Informationsmaschinerie, der der Ich-Erzähler ironischerweise nur durch seinen Gefängnisaufenthalt entgangen ist. Im Zeitalter der Massenkommunikation erfaßt die Staatspropaganda jeden Bürger an jedem Ort des Gemeinwesens. „Das Gesetz", so führt der Polizist aus, „wurde vorgestern verkündet, durch alle Lautsprecher, in allen Zeitungen, und denjenigen (...), die weder der Segnungen der Presse noch des Funkes teilhaftig sind, wurde es durch Flugblätter bekannt gegeben, über allen Straßen des Reiches wurden sie abgeworfen." (S. 77) Dabei wird im Sprachgebrauch des Polizisten eine Symbiose zwischen Neuzeit und verklärender Rückwärtsgewandtheit deutlich: die Lautsprecher, Zeichen totaler Beeinflussung durch technische Kommunikationsmittel, stehen für die Neuzeit, die antiquitas (= veralteter Ausdruck) „Reich" an Stelle von Staat und Gesellschaft bringt die archaische Komponente zum Ausdruck.

2. Totale Reglementierung und Kontrolle menschlicher Beziehungen
Auf dem Weg vom Hafen zur Polizeiwache begegnen Ich-Erzähler und Polizist einigen Bürgern des „Glück-und-Seife-Staates"; die Beschreibung der Menschen und der einzelnen Stationen des Weges gerät dabei zur sarkastischen Analyse der fiktiven Gesellschaft. Zwei Beispiele sollen genügen: der intimste Bereich menschlichen Lebens, die Beziehung der Geschlechter nämlich, ist staatlicherseits organisiert: „Hier und da sah ich im Vorübergehen, daß in mancher Liebeskaserne schon das staatliche Zeichen für jene ausgehängt wurde, die mittwochs an der Reihe waren, der hygienischen Freude teilhaftig zu werden". (S. 78) Sexualität unter quasi amtlicher Aufsicht als Hygiene zu festgesetzten Zeiten in eigens dafür eingerichteten „Liebeskasernen"!

Ein Bürger, dem Polizist und Erzähler auf ihrem Weg begegnen kommt seiner Bürgerpflicht nach, indem er dem Ich-Erzähler dreimal ins Gesicht spuckt, ihn ein „Verräterschwein" nennt (der „obligatorische Ruf"!) und indem er — welche Selbstentlarvung liegt in dieser Geste! — „sich selbst zum Zeichen absoluter Demut dreimal mit der flachen Hand auf den Kopf" schlägt! (S. 79)

3. Das Gewaltmonopol des Staates
Während seines Weges zur Polizeistation und während des Verhörs ist der Erzähler einer ständig eskalierenden brutalen Behandlung durch die „Ordnungs-

hüter“ ausgesetzt. Ist die Verhaftung selbst schon ein reiner Willkürakt, so erfährt der Ich-Erzähler alsbald auch die erste körperliche Züchtigung: er wird getreten und geschlagen („Stufe 1“), als er sich Speichel aus dem Gesicht wischen will, was gegen die Vorschrift ist. Beim Betreten des Reviers schlagen die Beamten ihm ihre Seitengewehre gegen die Schläfen und die Läufe ihrer Pistolen gegen das Schlüsselbein. Schließlich schlägt ihm der vernehmende Polizist drei Zähne aus — und all dies im Rahmen der Gesetze, die körperliche Maßnahmen nicht etwa untersagen, sondern im Gegenteil *fordern.* (vergl. S. 80)

Böll zeichnet in seiner Geschichte mit bissiger Ironie die Situation eines Individualisten in einem totalitären Regime (Hitlerdeutschland? — zumindest erinnern die braunen Uniformen an SA-Männer). Der einzelne Bürger ist in diesem Regime der Willkür der Staatsorgane hilflos ausgeliefert — Überlebenschancen *scheint* es nur dann zu geben, wenn man sich den Gegebenheiten völlig anpaßt (Schlußsatz).

Elisabeth Langgässer, Die getreue Antigone
Pratz-Thiel, S. 82-85)

Arbeitsfragen/Aufgaben:

1. Informieren Sie sich (Literaturgeschichte) über die „Antigone“ des Sophokles!
2. Zeigen Sie auf, wie Carola allmählich das Vertrauen des jungen Mannes gewinnt!
3. Untersuchen Sie die Naturschilderungen im Text und setzen Sie sie in Bezug zur Gesamtaussage!
4. Warum bleibt Ihrer Meinung nach der junge Mann trotz seiner skeptischen Haltung bei Carola? („Tu, was Du willst. Es ist mir egal. Aber ich bin es satt“., S. 83)

Hinweise zur Interpretation:

Elisabeth Langgässer greift in ihrer Kurzgeschichte das Antigone-Motiv auf. Das Mädchen Carola pflegt nach dem Ende des II. Weltkrieges das Grab eines ihr unbekannten Soldaten; ihr Freund steht dieser Handlungsweise kritisch bis ablehnend gegenüber. Er bezeichnet ihre Tätigkeit als „Blödsinn“ und „Getue“ (S. 83) und das Grab schließlich als „Geisterparade“ (S. 83) Die im christlichen Glauben verwurzelte Carola sieht in der Pflege des Grabes einen Akt der Nächstenliebe; sie pflegt nicht — wie die Antigone des Sophokles — das Grab ihres leiblichen Bruders, sondern für sie ist der unbekannte Soldat ihr Nächster, für den sie sich aufopfert.

Sie muß sich auch nicht wie Antigone gegen ein Verbot der Grabpflege durchsetzen — bei Sophokles ist dieses Verbot Ausdruck der Hybris Kreons —, sie muß sich vielmehr mit der Gleichgültigkeit und Abgestumpftheit ihres Freundes auseinandersetzen, der ebenfalls vom Krieg gezeichnet ist („sein verfinstertes junges Gesicht mit den Linien der unbarmherzigen Jahre entspannte sich unter den streichelnden Händen", S. 84f). Hinzu kommt noch, daß Carola ihren leiblichen Bruder im Krieg verloren hat (vermutlich ist er im KZ Mauthausen ermordet worden), so daß sie den Schmerz über den Verlust und das Schicksal des eigenen Bruders überwinden muß. So pflegt sie das Grab des Fremden gleichsam als ob es das Grab ihres Bruders wäre.

Die Kraft für ihr Tun schöpft sie dabei aus ihrem Glauben, in dem sie auch Antworten auf ihre Frage sucht: „Er (= der Freund) gab keine Antwort, Carola schien sie auch nicht zu erwarten, sondern richtete ihre Fragen an *einen ganz anderen*. ‚Ist das Sterben schwer? Du kannst es mir sagen. Der Augenblick, wo sich die Seele losreißt von allem, was sie hat?'" (S. 84)

Ihre unbeirrbare Menschlichkeit und ihre Festigkeit im Glauben versetzen Carola in die Lage, sowohl die Strapazen der Grabpflege — sie betreut das Grab nun schon ein dreiviertel Jahr und über den gesamten Winter hinweg — als auch den Schmerz über den Verlust des Bruders und die Ungeduld und Unbeherrschtheit des Freundes nicht nur zu ertragen, sondern dem jungen Mann einen Teil seiner innerer Ruhe wiederzugeben, die der Krieg ihm genommen hat (— „... er packte sie an den Handgelenken und riß sie ihr herunter, sie wehrte sich, keuchte, ihre Gesichter waren einander ganz nahe, plötzlich ließ er sie los", S. 83; ‚Ich liege gut', gab der junge Mann mit entfernter Stimme zurück. ‚Ich möchte immer so liegen'", S. 85)

Dabei gelingt es der Autorin, durch das Einflechten von Naturschilderungen der Entwicklung der Beziehung der beiden jungen Menschen zueinander und ihren Gefühlen symbolhaft Ausdruck zu verleihen. Am Ende der Geschichte fordert Carola ihren Freund auf, Ministrant zu werden, was er jedoch zunächst barsch ablehnt. Doch Carola fährt „beharrlich und unbeirrt fort." Sie stockt erst, als ein Zitronenfalter „mit probenden Flügelschlägen" vorbeifliegt und sich schließlich „vertrauensvoll und erschöpft auf dem Korb mit den Pflänzchen" niederläßt (S. 85).

Carola bricht schließlich die verkrusteten Gefühle ihres Freundes auf, sie gewinnt sein Vertrauen. Aus Liebe zu ihr willigt er schließlich ein, kommentiert seine Zusagen jedoch mit einem rüde klingenden „Damit Du Ruhe hast", worauf Carola — auf das Grab des Soldaten verweisend — durch Ihr „Damit er... Ruhe hat" noch einmal deutlich macht, daß es ihr um den Dienst am Nächsten geht.

Hans Bender, Schafsblut
(Pratz-Thiel, S. 85-89)

Arbeitsfragen/Aufgaben:

1. Untersuchen Sie die Beziehung zwischen dem Schäfer und Alex! Beurteilen Sie das Verhalten von Alex!
2. Deuten Sie die Reaktion des Schäfers am Ende der Geschichte!
3. In ihrer Bedeutung feststehende Bilder, Denk- bzw. Ausdrucksschemata nennt die Literaturwissenschaft Topoi (Singular: Topos). Einen solchen Topos stellen auch die Schafe dar. Deuten Sie diesen Topos! (Denken Sie dabei z.B. an den christlich-religiösen Bereich)
4. Welche Funktion kommt Ihrer Meinung nach dem Topos „Schafe" im Gesamtzusammenhang der Geschichte zu?
5. Beruht der Ausgang der Geschichte Ihrer Meinung nach auf einem Zufall, nämlich den schlechten Englischkenntnisse des Schäfers (die falsche Übersetzung dessen, was er ja eigentlich will!)?

Hinweise zur Interpretation:

Benders Geschichte ist in zwei Erzählabschnitte (Kabinen) eingeteilt, die durch die Figur des Schäfers, der um den Erhalt seiner Weideplätze und damit seiner Herde besorgt ist, verbunden sind. Der Schäfer ist von der amerikanischen Militärkommandantur aufgefordert worden, den Truppenübungsplatz, der ihm bisher als Schafweide diente, nun endgültig zu räumen. Dies bedeutet das Ende seiner Schafherde.

Zunächst wendet er sich an Alex, der Fahrer bei der Armee ist, und bittet ihn um Hilfe. Alex jedoch verweist ihn darauf, daß nur der Kommandant den Befehl revidieren könne; auch lehnt er es ab, noch einmal mit dem Kommandanten zu sprechen, da er in Eile ist. Er rät dem Schäfer, es doch selbst beim Kommandanten zu versuchen. Um sich verständlich machen zu können, soll der Schäfer auf den Befehl deuten und dabei „I not kill my sheep" sagen.

Mit diesen Brocken Englisch im Ohr begegnet der Schäfer einer Gruppe GIs. Er zeigt ihnen den Befehl und ruft ihnen sein „I not kill my sheep" entgegen. Reagieren die Soldaten zunächst mit Unverständnis, so wiederholen sie nach Lektüre des Befehls die Worte des Schäfers, so daß dieser meint, verstanden worden zu sein.

Nach einem Umtrunk in der Dorfkneipe begeben sich die Soldaten zum Hof des Schafhirten. Dort stößt einer nach dem anderen jeweils einem Schaf sein Messer in den Hals, so daß bald ein Berg blutender Schafe sterbend den Boden bedeckt. Auf den Ruf ihres Sergeanten hin verlassen sie den Schäfer mit der Frage „Okay?", die dieser mit einem „Ja, schon gut" beantwortet.
Obwohl im Mittelpunkt der Geschichte der Akt der Tötung der Schafe steht, nimmt die Schilderung dieses Vorgangs selbst nur wenige Zeilen der gesamten

Erzählung in Anspruch. Scheint dies auf den ersten Blick ein Widerspruch zu sein, so entpuppt es sich bei näherem Hinsehen doch als gelungener und *konsequenter* Kunstgriff. Gerade durch die lapidare Kürze der Darstellung des Tötungsvorganges wird das *Routinehafte*, das diese Handlungsweise für die Soldaten darstellt, umso deutlicher und schrecklicher hervorgehoben. ,,Jeder stieß *seinem* Schaf das Messer hinter dem Ohr ins Fell.'' (S. 88) Soldaten haben gelernt, Befehlen zu gehorchen. Der Befehl lautet dahingehend, daß der Schäfer das Gelände räumen muß. Da er offensichtlich die Tiere nicht selbst töten will oder kann, führen die Soldaten (so glauben sie zumindest) den Befehl ihres Kommandanten aus und tun dem Schäfer sogar noch einen Gefallen. Sie haben aber nicht nur gelernt, Befehlen zu gehorchen. Sie haben auch gelernt zu töten. Das Routinemäßige des Vorgangs wird daran deutlich, daß sich jeder Soldat *sein* Schaf (sein Opfer, seinen Gegner) selbst vorher aussucht und daß alle Soldaten die Tiere mit dem gleichen präzisen Stich töten.

Die Routine des Tötungsvorganges verdeutlicht Bender aber auch noch auf andere Weise. Zunächst durch die Beschreibung der Soldaten: ,,Unter den Jacken trugen sie schneeweiße Trikots. Silberne Kettchen und goldene Uhren fielen über ihr Handgelenk, aber jeder hatte auch ein Messer im Gürtel, scharfe, schmale, gerillte Messer.'' (S. 88) Für die Soldaten ist das Kampfmesser ein ebenso selbstverständliches Accessoire wie die Kettchen und Uhren, nur daß es Bender durch die Wiederholung des Substantivs Messer (beim zweiten Mal verbunden mit einer Dreiergruppe von Adjektivattributen) besonders hervorhebt.

Ebenso wird das Gewohnheitsmäßige des Tötungsvorganges dadurch hervorgehoben, daß Bender den Tatvorgang von zwei Seiten her beschreibt. Einmal schildert er die Handlung der Soldaten: ,,. . . und sie machten es wie Ed, James und John, Bill und Warren, Donald und Burt, Francis und Bruce. Jeder stieß seinem Schaf das Messer hinter dem Ohr ins Fell.'' (S. 88) Ein Soldat ist dabei jeweils ersetzbar durch den nächsten. Ihren Namen (bezeichnenderweise nur die Vornamen!) stehen stellvertretend für alle Soldaten. Dann wechselt der Blickwinkel. Bender schildert das Sterben der Tiere: ,,Ein zweites Schaf fiel neben das erste, ein drittes, ein viertes, ein fünftes, ein sechstes, ein Berg von Schafen. Stumm sanken sie um, legten sich auf die Seite. Blut tropfte auf die Erde, und die Hufe zuckten.'' (S. 88) Wie die Soldaten stumm die Tiere töten, so sterben diese stumm. Wie die Soldaten identitätslos sind (Vornamen), so sind die Opfer es ebenfalls (sie sind nur Zahlen).

Das Militär macht die Menschen namen- und gesichtslos, die Überlebenden und die Toten. In die Maschinerie von Befehl und Gehorsam eingefügt, unterbrechen die Soldaten ihr Tun sogleich, als ihr Sergeant sie ruft.

In Benders Geschichte ist der Leser aufgefordert, die mannigfachen Aussparungen zu ergänzen, die z. B. die Personen ohne Gefühle und Gedanken erscheinen lassen. Diese Aussparungen sind ein Stilmittel Benders, um eine Situation vorzustellen (militärisches Prinzip von Befehl und Gehorsam/Tötungsvorgang), die Gefühlen und Gedanken keine Bedeutung beimißt. Somit ist der Leser gleichzeitig aufgefordert, sich in die Handlungsweise der Personen (Soldaten/Schäfer) hineinzuversetzen und die Frage nach Schuld und Verantwortung des einzelnen Menschen zu stellen.

Wolfgang Weyrauch, Das Ende von Frankfurt am Main
(Pratz-Thiel, S. 89-95)

Arbeitsaufgaben/Fragen:

1. Lesen Sie die „Offenbarung des Johannes", Kap. 9 und vergleichen Sie die beiden Texte inhaltlich und sprachlich!
2. Welche Haltung hat der Pilot zu seinem Auftrag, seinen Auftraggebern und der Bevölkerung der Stadt Frankfurt? Weisen Sie Ihre Auffassung am Text nach!
3. Welche Funktion kommt Ihrer Meinung nach dem 3. Abschnitt auf S. 91 zu (Beginn: Dein Dom, . . .)?
4. Warum bleibt Ihrer Meinung nach die Art der Waffe unklar?

Hinweise zur Interpretation:
Im Auftrag anonym bleibender Befehlshaber überfliegt ein Pilot Frankfurt am Main. Sein Auftrag lautet: „Feststellung der Veränderung durch Maßnahme". Der Pilot ist gleichzeitig der Ich-Erzähler und notiert seine Beobachtungen und Gedanken in seinem Bordbuch. So erfährt der Leser aus der Perspektive des Soldaten, daß es sich bei den Veränderungen um die völlige Zerstörung Frankfurts durch eine bis dahin nicht erprobte Kriegswaffe chemischen, biologischen oder atomaren Ursprungs handelt.

Die Situation des Piloten ist durch Angst gekennzeichnet, und zwar eine doppelte Angst. Zunächst die Angst vor seinem Ziel, das es zu beobachten gilt. Für den Piloten ist dieser Auftrag ein Flug ins Ungewisse. Auch die Perfektion seines Flugkörpers nimmt ihm die Angst nicht, vielmehr verstärkt sie diese: „Der fliegende Gegenstand ist zu. Wie ein Sarg unter der Erde." (S. 90) Als zweites die Angst vor seinen Auftraggebern und Befehlshabern: „Ich fürchte mich vor ihnen. Ich traue mich zum Beispiel nicht, auf diesen Zettel zu schreiben, wer sie sind." (S. 90)

Das fiktive Bordbuch wird zum Stenogramm der Gefühle, Gedanken und Beobachtungen des Piloten: dadurch ergeben sich zwei Erzählebenen, deren Übergänge ineinander allerdings fließend sind: die erste Ebene ist die des gegenwärtigen Geschehens, des Fluges und der Beobachtungen des Piloten. Die zweite Ebene ist die der Reflexion und der Gefühle des Mannes im Flugkörper.

Je deutlicher das Bild des Grauens wird, das wir mit den Augen des Piloten sehen, desto mehr steigert sich die Angst des Fliegers, die sich in seinen Körperreaktionen ausdrückt: „Ich habe so ein komisches Gefühl" (S. 90), dann „Ich schwitze". (S. 90). Der Flugkörper kreist über der Stadt und dem Stadion.

Alles ist von einer lackartigen Masse überzogen. Beim Gedanken daran, daß der Angriff an einem Sonntag erfolgte und das Stadion deshalb voll von Menschen gewesen sein muß, erfassen den Piloten erneut Zeichen körperlichen Unbehagens: „Ich schwitze. (. . .) Ich schwitze und sehe schlecht." (S. 91)

Dann überfliegt er den Dom und den Main. Beide sind von Lack überzogen. Eine neue, noch stärkere fiebrige Welle erfaßt ihn: „ich bin auch bald nichts mehr. Ich schwitze wie ein Schwein. Ich sehe immer schlechter." (S. 91) Und schließlich: „Ich schwitze gräßlich. (. . .) Mein Schweiß ist rot." (S. 93) Schließlich merkt der Pilot, daß er die Herrschaft über seinen Gegenstand verloren hat, er ist infiziert, auch er wird von der Lackmasse überzogen, sein Flugkörper wird vergiftet. Das Bild Frankfurts, das der Pilot während seines Fluges zeichnet, gleicht einer [apokalyptischen] Vision. Die neue, heimtückische Waffe hat alles menschliche Leben zerstört. Ihre Zusammensetzung ist dem Piloten unbekannt („Woraus sie besteht, ist ein Geheimnis", S. 91), und ihre Gefährlichkeit ist so groß, daß sie vor ihrem ersten Einsatz nicht getestet wurde.

Foto um Foto schießt der Pilot von seinem Flugkörper aus. Ein grauenhaftes Bild reiht sich an das andere. Der Stadtwald ist ebenso von Lack überzogen wie der Main und das Stadion. Rettung gab es vor der fürchterlichen Waffe für die Frankfurter nicht, erst hinter Hanau hat die Waffe allmählich ihre Wirksamkeit verloren.

Doch die Waffe, die den Tod nach Frankfurt gebracht hat, gebiert neues Leben — ein Leben allerdings, das nun die ganze Welt und die Menschheit bedroht und dessen erstes Opfer der Pilot selbst werden soll. Beim erneuten Anflug auf die Stadt entdeckt der Pilot Mückenschwärme, die in die Myriaden gehen.

Von den vier Ecken der toten Stadt aus weben die Mücken ein Netz, dessen Substanz dem Piloten unbekannt ist, mit dem sie die gesamte Stadt überziehen. „Das Antiungeziefermittel" (S. 91) hat massenhaft Ungeziefer hervorgebracht, das gegen die Wirkung dieses Mittels resistent ist, ja, von diesem erst hervorgebracht wird. „Eine Mücke, die der Lack aus sich herauskotzte." (S. 94) Und diese eine Mücke dringt in die Kabine des Flugkörpers ein, obwohl er hermetisch verschlossen ist. Und diese eine Mücke infiziert den Piloten und seinen Flugkörper, und mit ihm wird die ganze Welt infiziert werden und untergehen: „Jedermann wird auf das Ding zeigen, das sich starr und glitzend in der Luft befindet. Das vergiftet ist und vergiftet. Alle werden mich meiden wie die Pest. Aber es wird ihnen nichts nutzen, nichts." (S. 95) Im Schlußsatz prophezeit der sterbende Pilot das Weltende.

Auffälligstes Stilmittel Weyrauchs ist die Häufung kurzer, zum Teil grammatikalisch unvollständiger bzw. agrammatischer Sätze, so wie wir sie aus der Werbung kennen.[55]) Auch diese arbeitet häufig mit Ellipsen (etwa in dem Slogan: Marlboro — der Geschmack von Freiheit und Abenteuer.), wobei der Bindestrich bzw. der Punkt zumeist den Prädikatskern ersetzen. So heißt es etwa bei Weyrauch: „Der Dom. Lack. Bis oben auf." Diese Häufung von Ein- bzw.

[55]) J. D. Bödeker weist darauf hin, daß diese Technik der Werbesprache ihren Ursprung in der Lyrik des Impressionismus (Pointilismus) hat (J. D. Bödeker, Sprache der Anzeigenwerbung, Dortmund 1972, S. 24 — Ergänzungsheft). Er führt folgendes Beispiel an:

5-Uhr-Balle

Vergiß den Alltag
noch vor dem Abend.
Genieß den Zauber
der blauen Stunde.
Schenk Tee ein.
Und Balle.

Balle macht den Tee erst schön.
Und läßt Gedanken
spazierengehen.
Trink und träum'.
Du und ich, tête à tête. Balle

ders. a. a. O., (Textheft)

Zwei-Wort-Sätzen resultiert einmal aus der Gemütsverfassung des Piloten, die ihm die Fähigkeit zur Konstruktion komplizierter Satzgebilde nimmt, zum anderen aus der Tatsache, daß es sich bei der Kurzgeschichte um die fiktiven Aufzeichnungen des Piloten in seinem Bordbuch handelt. Von daher sind die lapidare Kürze und der abgehackte Stil eine durch die Umstände bedingte Schreibweise. Mehrfach weist der Pilot auch selbst auf die Tatsache hin, daß die Notizen nur provisorischen, vorläufigen Charakter haben, daß sie sozusagen sprachliche Schnappschüsse sind: ,,Ins Unreine", ,,Erst einmal ins Unreine", ,,In Stichworten. Und zwar schnell."

Ausdruck der Ängste und der Orientierungslosigkeit des Piloten sind aber auch die zahlreichen Fragesätze, die das Ausgeliefertsein ihres Sprechers dokumentieren. Sie machen besonders deutlich, wie wenig der Pilot Herr der Lage ist.

Weyrauch zeigt in seiner Geschichte das mögliche Ende der Welt im Zeitalter immer perfekter werdender Waffensysteme, die die Menschen zwar erfinden, deren Auswirkungen sie aber nicht mehr unter Kontrolle halten können. Unschwer wird man die Geschichte als Vision vom atomaren Ende der Welt deuten können.

Bertolt Brecht, Die Bestie
(Pratz-Thiel, S. 95-99)

Arbeitsfragen/Aufgaben:

1. Inwiefern hat der Vorfall, den Brecht schildert, wie er eingangs sagt, ,,etwas Entsetzliches" an sich?
2. Zeigen Sie die stilistischen Mittel auf, die Brecht verwendet, um zu dokumentieren, daß sich seine Geschichte in einem Filmatelier ereignet!
3. Informieren Sie sich über Brechts Theorie vom epischen Theater!

Hinweise zur Interpretation:

In einem russischen Film-Atelier, in dem gerade ein Film über die Pogrome in Südrußland vor dem Krieg gedreht wird, erscheint ein alter Mann, der auf seine außerordentliche Ähnlichkeit mit dem kaiserlichen Gouverneur Muratow, dem Urheber jene Pogrome, hinweist. Aus einer Laune des Hauptdarstellers heraus bekommt der ,,Ähnliche" schließlich die Chance, den Muratow zu spielen, weil man hofft, ,,daß seiner körperlichen Ähnlichkeit mit dem wirklichen Muratow auch eine Ähnlichkeit im Auftreten entspräche". (S.96)

Der erste Versuch des Ähnlichen ruft jedoch Gelächter des Regiestabes hervor, die schließlich in der Kritik des Regiechefs münden: ,,So benimmt sich keine Bestie (. . .). So benimmt sich ein kleiner Beamter. Sehen sie, Sie müssen denken. Ohne Denken geht es nicht, Sie müssen sich diesen Bluthund vorstellen. So im kleinen Finger müssen Sie ihn haben.“ (S. 97)

Man setzt die Begegnung Muratows mit der Judendelegation erneut in Szene. Nachdem der „Ähnliche“ den Muratow zunächst „abwesend“, „zögernd“ und „gewohnheitsmäßig“ gespielt hat, bringt man ihn nun dazu, mit ausdrucksstarker Mimik und Gestik (Geierblick, eckige Kopfbewegungen) den Muratow darzustellen. Doch diese Darstellungsweise stößt ebenfalls auf Kritik: „Das ist ganz gewöhnliches Theater. Ein Bösewicht alter Schule. Lieber Mann, das ist nicht, was wir uns heute unter einer Bestie vorstellen. *Das ist kein Muratow.*“ (S. 98)

In der hitziger werdenden Diskussion über die Frage, wie denn nun Muratow darzustellen sei, vertreten lediglich zwei Juden, die zu der historischen Delegation gehörten und nun als Berater fungieren, die Auffassung, daß das erste Spiel dem historischen Muratow am nächsten gekommen sei. Diese Bemerkung führt jedoch lediglich dazu, daß angezweifelt wird, ob sie überhaupt Delegierte gewesen sind.

Schließlich macht der „Ähnliche“ — „in der Angst, sein Brot zu verlieren“ — einen Vorschlag: während ein Jude gezwungen wird, einen Apfel zu essen („Friß!“), der ihm in der Kehle stecken bleibt, unterschreibt Muratow das Todesurteil. Während der Regisseur noch einen Moment daran denkt, ob sich der „Ähnliche“ nicht über ihn lustig machen will, greift Kochalow, der Hauptdarsteller, die Anregung des „Ähnlichen“ auf und spielt die Szene unter dem begeisterten Applaus der Zuschauer. Der „Ähnliche“ gerät in Vergessenheit, man beachtet ihn nicht mehr. Kochalow spielt den Gouverneur. Und während der „Ähnliche“ das Atelier verläßt, erfahren wir, daß er *Muratow ist.*

Brechts Erzählung mag auf zwei unterschiedlichen Ebenen, die jedoch in einem gewissen inneren Zusammenhang miteinander stehen, verstanden werden: am Beispiel Muratows verdeutlicht Brecht seine historisch-dialektische Geschichtsauffassung; für Brecht steht fest — wie es in seiner „Ballade vom Wasserrad“ heißt —, daß das, „was oben ist, nicht oben bleibt.“ Und so ist aus dem einstmals so gefürchteten und verhaßten Gouverneur Muratow, der im Glanz kaiserlicher Macht lebte, ein armer, alter Mann geworden. Unterzeichnete er früher Todesurteile, so grüßt er jetzt den Portier *unterwürfig*. Er „blickt *gequält*“ und „geht *mühsam*“ in sein *Elendsquartier* zurück. Der geschichtliche Prozeß hat ihn von den höchsten Höhen in die tiefsten Tiefen geworfen.

Die zweite Ebene ist die Ebene der künstlerischen Darstellung der „Bestie“. Sie führt uns zu der Frage nach dem, was Brecht damit meint, wenn er gegen Ende der Geschichte kommentierend bemerkt: „Es hat sich eben wieder einmal gezeigt, daß bloße Ähnlichkeit mit einem Bluthund nichts besagt, und daß Kunst dazu gehört, um den Eindruck wirklicher Bestialität zu vermitteln!“ (S. 99)

Dieser Satz ist im Zusammenhang damit zu sehen, daß der „Ähnliche“ ja tatsächlich *Muratow ist* und daß deshalb seine erste Spielweise — völlig ungekünstelt — dem historischen Muratow besonders nahe kommt (das Urteil der Juden!). Für den Regiestab aber heißt wirkliche Bestialität herrisches Auftreten, zynischer Umgang mit Abhängigen und Auskosten von Sadismen (die Apfelszene, S. 99 oben). Konfrontiert man diese Darstellungsweise mit der Brechtschen Auffassung vom epischen Theater, kann man zu dem Ergebnis kommen, daß

Brecht hier in didaktisch-lehrhafter Absicht das Gegenteil von dem sagt, was er tatsächlich meint. Sein kommentierender Satz wäre demnach zu verstehen als ironische Kritik an einer noch am bürgerlichen (im Gegensatz zu episch) Schauspiel orientierten Filmkunst. Ein Hinweis in diese Richtung; Brecht schreibt einmal über Helene Weigel und ihre Darstellung der ,,Mutter'':

,,In der ersten Szene sprach die Darstellerin, in einer bestimmten typischen Haltung in der Mitte der Bühne stehend, die Sätze so, als seien sie eigentlich in der dritten Person verfaßt, sie *täuscht also nicht nur nicht vor,* in Wirklichkeit die *Wlassowa zu sein* oder sich dafür zu halten und diese Sätze in Wirklichkeit zu sagen, sondern sie *verhindert sogar,* daß der Zuschauer, aus Nachlässigkeit und alter Gewohnheit, sich in eine bestimmte Stube versetzte und sich für den unsichtbaren *Augenzeugen* und *Belauscher* einer *einmaligen intimen* Szene hielt.''[56]

Durch das Spiel Kochalows also wird genau das Gegenteil von dem erreicht, was Brecht am Weigelschen Spiel positiv hervorhebt: Weigel historisiert die ,,Mutter'', Kachalow enthistorisiert ,,Muratow''. Kachalow zeigt eine überzeitliche Bestie anstatt eines historischen Unterdrückers. Damit ist auch der Bogen geschlagen zur ersten Ebene. Die Darstellung Kochalows zeigt die Welt nicht historisch, also nicht veränderbar. Weil die Welt aber veränderbar ist, muß der Schauspieler das Dargestellte historisieren. Dieses aber ist gerade dem ,,Ähnlichen'', dem wirklichen Muratow, gelungen, indem er, wie die Juden bemerken, nicht ein bestialisches Monster auf die Bühne bringt, sondern das ,,Gewohnheitsmäßige und Bürokratische'' des Gouverneurs zeigt als Rollenmaske bestimmter sozialer und historischer Verhältnisse.

Karl August Horst, Stummes Glockenspiel
(Pratz-Thiel, S. 100-103)

Arbeitsfragen/Aufgaben:

1. Zeigen Sie anhand der Begegnung des Ich-Erzählers mit seinem Schulfreund und mit dem Soldaten aus Ostpreußen auf, daß in Horsts Geschichte der einzelne in der Masse untergeht!
2. Welche Funktion kommt Ihrer Meinung nach dem Dialog des Ich-Erzählers mit der Frau zu?
3. Versuchen Sie, den Ich-Erzähler zu charakterisieren!

[56]) Brecht, Schriften zum Theater, Frankfurt 1957, S. 42f (bibliothek suhrkamp) Eine Einführung in Brechts Konzeption vom epischen Theater findet sich etwa bei Hans Gehrke, Brecht — Der gute Mensch von Sezuan/Leben des Galilei aus der Reihe Analysen und Reflexionen Bd. 3, Hollfeld 1977

4. Was ist Ihrer Meinung nach damit gemeint, wenn Horst Metaphern wie „der große Aufbruch" (S. 100) und „jetzt kommt alles in Bewegung" (S. 101) verwendet?

Hinweise zur Interpretation:

Karl August Horst schildert in seiner Erzählung „Stummes Glockenspiel" eine kurze, aber beduetende Zeitspanne im Leben eines anonym bleibenden Menschen, eines Soldaten, der gleich anderen an einen ihm unbekannten Ort (Kriegsschauplatz?) auf unbestimmte Zeit (beginnt der Krieg gerade erst? geht er bereits seinem Ende entgegen?) transportiert werden soll.

In Horsts Geschichte scheint sich die Kriegsmaschinerie verselbständigt zu haben; die Menschen scheinen die Kontrolle über das von ihnen selbst ins Werk gesetzte Geschehen verloren zu haben; der Schauplatz — ein Bahnhof — ist nicht, wie es vielleicht zu erwarten wäre, durch eine straffe militärische Ordnung und disziplinierte Handlungen der einzelnen bestimmt, sondern eher durch Ungewißheit und Orientierungslosigkeit. Dies verdeutlicht Horst durch mehrere Bemerkungen des Ich-Erzählers:

— es zeigte sich niemand auf dem Bahnsteig, S. 100
— es gab keine Richtungsweiser mehr, S. 100
— es wird jetzt lange keine Post mehr geben (. . .) Zeitungen gibt es schon seit letzter Woche nicht mehr, S. 101
— man (wer? die Befehlshaber?) hatte den Zug offenbar schon wieder verschoben, S. 101 (warum?).

Der Ich-Erzähler unterscheidet sich deutlich von der ebenfalls anonym bleibenden Masse auf dem Bahnsteig: „. . . der Menschenstrom verließ die Halle. Jeder *schien* seinen Platz zu kennen. Mir aber ging es wie im letzten Krieg. Ich fiel aus dem *mahlenden Mechanismus* heraus. Er entführte mir den Karabiner, die Gasmaske, das Soldbuch. Nicht einmal der Erkennungsmarke war ich ganz sicher. Dabei *schien* ich längst einer Abteilung zugeteilt zu sein." (S. 101) Wie der Krieg sich insgesamt zu verselbständigen scheint, so verselbständigen sich auch die soldatischen Attribute (Gasmaske, Karabiner, Soldbuch und sogar die Erkennungsmarke, die einzige Möglichkeit der Identifizierung) des Ich-Erzählers.

Während die anderen Soldaten und Zivilisten sich ebenso wie die Waggons vor der unsichtbaren Hand des Krieges hin- und herschieben *lassen,* verfällt der Ich-Erzähler in Erinnerungen an seine Schulzeit. Doch die Wirklichkeit reißt ihn immer wieder aus den Tagträumen. Der Schulkamerad, den er trifft und der in der gemeinsamen Theateraufführung, ein riesiges Dreieck tragend, einen Geometer spielte, trägt nun ein Maschinengewehr auf dem Rücken.

Das Schieben und Drängen auf den Gleisen, die hektische Betriebsamkeit und das Chaos auf dem Bahnhof finden ihren ebenso plötzlichen wie überraschenden vorläufigen Abschluß, als der von einem *Lautsprecher* (Befehle und Befehlshaber bleiben ebenfalls anonym) angekündigte „Luxuszug des letzten Zaren das

Nachbargleis" passiert. „Auf einmal wurde es still. Zwischen den tiefschwarzen Furchen der Gleise standen die Menschen in dichten Zeilen wie geisterhafte Halme. Nur ein Rascheln und Flüstern lief über die Köpfe." (S. 102)

Der Zug, die Stille, mit der er den Bahnhof durchfährt, das Schweigen der Glocken, schlägt die Menschen auf dem Bahnhof in seinen Bann. Noch nachdem bereits der letzte Wagen den Bahnhof passiert hat, strömen die Menschen hinaus auf die Gleise und „starren gebannt in die Richtung, aus der mit stummen Glocken der Drachenzug gekommen war." (S. 103)

Man kann den Zug — der ja dem letzten Zaren, also dem Repräsentanten einer vergangenen Epoche gehörte — verstehen als Vergegenständlichung einer dem Krieg entrückten Zeit. Die Ausstattung des Zuges, seine Ikonen an den Zwischenräumen der Fenster, die kunstvollen Verzierungen der Fensterrahmen und das Glockenspiel, all das steht im Gegensatz zur nüchternen Welt, die durch die Kriegstechnik beherrscht wird. Die unheimliche Lautlosigkeit, mit der der Zug durch den Bahnhof rollt, steht ganz im Gegensatz zur „erdfernen Sachlichkeit" des Lautsprechers, dessen Anweisungen die Menschenmassen auf dem Bahnhof zu regieren scheinen.

Doch den Ich-Erzähler vermag der Zug nicht zu faszinieren; er registriert vielmehr das Erstaunen und die stille Begeisterung, die der Zug auf die Anwesenden ausübt, und sieht hinter dem Schauspiel bereits die hoffnungslose Zukunft der Menschen auf dem Bahnhof: „Die Erde entfaltete ihren stählernen Fächer." (S. 103)

In einer Aneinanderreihung einzelner Impressionen und Reflexionen des Soldaten macht Horst an seinem Beispiel die Verlorenheit des einzelnen Menschen in der Maschinerie des Krieges deutlich.

Alfred Andersch, Blaue Rosen
(Pratz-Thiel, S. 103-106)

Arbeitsfragen/Aufgaben:

1. Untersuchen Sie, an welchen Stellen des Gesprächs zwischen Bettina und Joachim deutlich wird, daß Joachim auf die Probleme und Bedürfnisse Bettinas nicht eingeht!
2. Untersuchen Sie die Funktion des amerikanischen Soldaten und seiner Begleiterin für den weiteren Fortgang und den Ausgang der Geschichte!
3. Warum geht Bettina schließlich zum „Du" über? Welche Erklärung gibt Joachim? Trifft diese Erklärung zu?
4. Warum teilt Bettina nicht gleich zu Beginn ihres Treffens Joachim mit, daß sie einen Platz im Flugzeug bekommen hat?
5. Informieren Sie sich in einem Lexikon/einer Literaturgeschichte über das schriftstellerische Werk von Andersch!

Hinweise zur Interpretation:

Der Krieg bildet (wie fast immer) den zeithistorischen Hintergrund für die Erzählung von Andersch. Nur ist es diesmal nicht direkt der II. Weltkrieg (wie etwa in seinem Roman ‚Winterspelt'), sondern der „kalte" Krieg zwischen den einstmals im Kampf gegen den deutschen Faschismus verbündeten Amerikanern und Russen. Die Geschichte spielt zur Zeit der Berlin-Bockade durch die Sowjetunion; Frankfurt, der Ort des Geschehens, ist „amerikanisiert": im Palmengarten-Club übt jemand „In the mood", einen der großen Erfolge Glenn Millers. Doch nicht nur die Musik ist dem überwiegend amerikanischen Soldatenpublikum angepaßt. Auch die Menschen passen sich an, im Palmengarten sind die meisten Besucher „fotografierende Amerikaner mit hessischen Mädchen in Times-Square-Aufmachung." (S. 103) Der Palmengarten — exotische Insel im Nachkriegs-Frankfurt — bildet die Kulisse für die (aussichtslose) Beziehung zwischen Bettina von Demski und Joachim.

Bettina wartet auf einen Platz in einem Flugzeug nach Berlin. Sie ist von der Blockade überrascht worden, so bleibt ihr nur das Flugzeug, um zurückkehren zu können. Zwei Tage ist die Bekanntschaft der beiden erst alt, und „vor einer Stunde hatte sie noch ganz still und schlank in der Mitte des Zimmers gestanden und sich von ihm küssen lassen." (S. 104) Und nun führt sie Joachim in den Palmengarten. Bettina allerdings bleibt beim distanzierten „Sie", wogegen Joachim längst zum „Du" übergegangen ist.

Im Laufe ihres Spaziergangs durch den Palmengarten teilt Bettina Joachim mit, daß sie am kommenden Tag zurück nach Berlin fliegen wird, da sie einen Platz in einer Maschine bekommen hat. Dies bedeutet das Ende ihrer Beziehung, die doch eigentlich noch gar nicht angefangen hat. Auch das „Schreiben" wollen beide nicht beginnen. Als Bettina aufsteht, um zu gehen, sagt sie zu Joachim: „*Du* mußt nur bedenken, daß nicht alles Unglück in der Liebe durch die Blockade kommt.". (S. 106)

Am Ende der Beziehung steht das „DU", steht die Anrede beim Vornamen, doch nicht zuletzt deshalb, weil Bettina sich über eben dieses Ende im klaren ist und somit das „DU" keinen Anfang, sondern den Schlußstrich bedeutet.

Welcher Art ist die Beziehung zwischen Joachim und Bettina?

Von Joachim aus gesehen, ist Bettina nicht mehr als eine Abwechslung im tristen Alltagsein, sie ist ein „Sonnengeflecht" — so bezeichnet er die Farbe ihrer Bluse (S. 104) —, das sich kontrastreich vom Grau-in-Grau der Stadt abhebt. Aber eben nicht mehr. Joachim selbst überdenkt die Intensität seiner Gefühle gegenüber Bettina, als sie ihm die Mitteilung von ihrem Abflug macht: „Die zwei schönsten Tage seines Lebens waren vorbei. Mozartisch schwereloses Passiflorengerank eines *Flirts.* Eine Liebe im Glashaus", (S. 106) wobei ‚Glashaus' hier nicht nur den Ort ihres Beisammenseins, das Palmenhaus nämlich, meint, sondern ihre Beziehung grundsätzlich charakterisiert. Eine künstliche Atmosphäre, die ganz im Gegensatz zu wirklichen Welt steht, zur Welt der „Kälte und Kartoffelpuffer". (S. 106)

Die Bekanntschaft mit Bettina war für Joachim eine Tendelei, ein amüsantes Spiel, eine nette Abwechslung. Und deshalb wirkt sein dahingeworfenes „Ich liebe Dich!", das von Bettina auch mit einem treffenden „Freundlich, freundlich — so aus der Hand!" beantwortet wird, künstlich und aufgesetzt, unecht und unwirklich. Unwirklich wie die „blauen Rosen", von denen der amerikanische Soldat seiner Begleiterin erzählt (S. 105). Genausowenig wie blaue Rosen[57]) existieren, existiert eine — von Joachim aus — tiefe Bindung zwischen den beiden Menschen.

Bettina ist ehrlicher. Sie spielt nicht. Sie bleibt — im Gegensatz zu Joachim — distanziert, verhält sich also der Qualität ihrer Beziehung angemessen. Deshalb lehnt sie es auch ab, einen Briefwechsel mit Joachim zu beginnen bzw. so zu tun, als wolle sie einen solchen Briefwechsel überhaupt beginnen. Sie nennt die Dinge beim Namen und kann deshalb Joachim einen Lügner heißen, ohne dieses Wort auszusprechen. „Sie hatte recht", denkt Joachim. „Blaue Rosen und ‚Ich liebe dich' — wenn man Dingen, die es nicht gibt, einen Namen verlieh, war nun schlicht und einfach ein Lügner." (S. 106)

Robert Musil, Der Riese Agoag
(Pratz-Thiel, S. 107-109)

Arbeitsfragen/Arbeitsaufgaben:

1. Zeigen Sie am Text auf, daß sich scheinbare und kurzfristige Siege des Mannes stets in Niederlagen verwandeln!
2. Welche Bilder, Vergleiche und Metaphern wählt Musil und welche Bedeutung erfüllen diese Stilmittel?
3. Suchen Sie Erzählerkommentare und deuten Sie ihre Funktion im Text!
4. Welche Bedeutung kommt Ihrer Meinung nach dem Schlußsatz zu?

Hinweise zur Interpretation:

Protagonist der Erzählung ist ein anonym bleibender Mann von nicht unbeträchtlicher Intelligenz (Ironie?), aber mit Armen „so dünn wie der Ton einer Spieluhr." (S. 107) Seine Statur verhindert, daß er Anklang bei Frauen findet. Die einzige Frau, die ihn „zu aller Überraschung tieferer Teilnahme gewürdigt" hatte, nannte ihn dann auch bei dem bezeichnenden Kosenamen „Eichhörnchen". (S. 107)

[57]) Blaue Blume, Symbol für die Dichtung, Inbegriff aller romantischen Sehnsucht nach dem Unendlichen und fast sakralen Losung der Romantik (zitiert aus G. v. Wilpert, Sachwörterbuch der Literatur, a. a. O., S. 97)

Der Held der Geschichte ist von dem schon fast pathologisch zu nennenden Drang befallen, stark zu werden. So versucht er in jeder freien Stunde, die er hat, seinen Körper aufzubauen und zu stählen. Er stoppt sein Training erst, wenn die Müdigkeit ihn übermannt. Seine Entwicklung wird jedoch dadurch unterbrochen, daß er eines Tages von einem ,,Schwamm von Menschen" verprügelt wird. Nach diesem Erlebnis erfaßt ihn zunächst tiefe Resignation, aus der er erst gerissen wird, als er sieht, wie ein Omnibus einen athletisch gebauten jungen Mann überfährt.

Von dieser Stunde an fährt der ,,Held", stets auf dem Verdeck sitzend, mit dem Omnibus Agoag. Von seiner erhöhten Warte aus, von der Kraft des riesigen Fahrzeugs getragen, fühlt er sich allen Menschen überlegen. Nun treibt er keinen Sport mehr, sondern fährt in seiner Freizeit Omnibus. ,,Sein Traum war ein umfassendes Steckenabonnement." (S. 109)

Jedoch muß er erneut eine Niederlage einstecken. Eine Freundin, die er auf seiner Fahrt mitgenommen hat und die er in seine neue Lebensphilosophie eingewiesen hat, ohne jedoch auf Verständnis zu stoßen, flirtet ganz ostentativ mit einem ebenfalls im Bus sitzenden Mann und reagiert auf die Vorwürfe, die der ,,Held" ihr ihres Verhaltens wegen anschließend macht, nicht. Aus diesem Vorfall zieht der ,,Held" seine Konsequenzen: von nun an fährt er nur noch unregelmäßig mit dem Bus — und vor allem stets ohne Begleitung, denn er hat erkannt: ,,Der Starke ist am mächtigsten allein." (S. 109)

Musil zeichnet seinen ,,Helden" mit (durchaus liebenswürdig zu nennender) Ironie. Schon allein die Tatsache, daß er den Mann mit den dünnen Ärmchen einen ,,Helden" nennt — und dies kommentierend durch ein ,,— ja wahrhaftig, er war einer!" verstärkt, gleichzeitig aber seine geringen Erfolge bei Frauen erwähnt, die ihm bisher den eher negativ besetzten Kosenamen ,,Eichhörnchen" eingetragen haben, macht deutlich, daß Musil dem Leser ein Lächeln abringen will.

Die mangelnde Körperkraft kompensiert der kleine Held durch die Lektüre des Sportteils der Zeitung (Musil verwendet hier eine Klimax: Sportteil — Boxnachrichten — Boxnachrichten über Schwergewichte). Ist er körperlich schwach, so will er wenigstens geistig an der Stärke anderer Anteil haben. Ist der Held alleine und fühlt sich unbeobachtet, dann unterwirft er sich selbst komplizierten gymnastischen Übungen, macht aus dem An- und Auskleiden eine körperliche Tortur und läßt nicht davon ab, den ,,Aufstieg zur Kraft" zu suchen.

Die Scheinlösung seines Problems findet er jedoch erst, als er beginnt, seine Omnibustouren aufzunehmen. In seinem Bewußtsein verschmilzt der Mann mit der PS-starken Kraft des Busses, der ihm wie ein Riese erscheint. Der Name Agoag (wahrscheinlich das Kürzel der Verkehrsgesellschaft) verdichtet sich in der Phantasie des Mannes zu einem Namen, der seine geheimen Wünsche in konzentrierter Weise ausdrückt: Allgemeingeschätzte-Omnibus-Athleten-Gesellschaft.

In seinen von allen Fesseln der täglichen Bedrängnis und der tatsächlichen Kümmerlichkeit befreiten Gedanken schwingt sich der Mann zu Vergleichen mit den Größen dieser Welt auf, mit Feldherren, den ,,Kraftnaturen der Weltgeschichte" und mit Königen des Sports. Doch des Mannes Traum ist stets nur von kurzer Dauer, er währt immer nur eine Busfahrt lang. Die Konfrontation mit einem Nebenbuhler um die Gunst der Freundin macht ihm schließlich die Abhängigkeit von der Kraft des Busses deutlich. Nur in seiner Phantasie ist die Kraft des Busses seine Kraft; in Wirklichkeit ist er so schwach wie zuvor.

Man kann Musils Geschichte durchaus als Märchen verstehen, nicht zuletzt deshalb, weil der Verfasser selbst zwei Hinweise gibt, die die Interpretation in diese Richtung lenken können. Der erste Hinweis schließt sich an die Deutung des Namens Agoag durch den Mann an: „— denn wer heute noch Märchen erleben will, darf mit der Klugheit nicht ängstlich umgehen!" (S. 108) Anders ausgedrückt: Märchen sind heute nur noch erlebbar, wenn wir die Verstandeskühle beiseite lassen. (Die Freundin unseres kleinen Helden sieht die Kraft des Menschen, die ihm der Bus gibt, nicht, denn sie hat eine zu geringe „Verstandeskühnheit"). Der zweite Hinweis, den Musil gibt, ist die ironische Brechung des stereotypen Märchenschlusses „Und wenn sie nicht gestorben sind, dann leben sie noch heute." Bei Musil heißt es: „Und wenn er es erreicht hat, und nicht gestorben, erdrückt, überfahren worden, abgestürzt oder in einem Irrenhaus ist, so fährt er damit noch heute." (S. 109)

Allerdings hat der Held in Musils Geschichte weder Fortuna noch einen magischen Helfer an seiner Seite. Im modernen Zeitalter können Märchen nur noch erträumt werden, sie zu leben oder zu erleben ist unmöglich. Am Ende der Geschichte ist der Held so einsam wie zu Beginn; darüber täuscht auch die zitierte „männliche Schicksalswahrheit" nicht hinweg!

Wolgang Hildesheimer, Der Urlaub
(Pratz-Thiel, S. 110-114)

Arbeitsfragen/Aufgaben:

1. Zeigen Sie an einzelnen Textstellen auf, daß Adrian sich nur ungern den Zwängen der Realität aussetzt!
2. Deuten Sie das Bild der Turmuhr, die stehengeblieben ist, weil „sie schon seit einigen Monaten kein Werk mehr" hat!
3. Versuchen Sie, die Beziehung zwischen Adrian und Mariella zu charakterisieren!
4. Versuchen Sie einmal, die Kurzgeschichte ohne Zuhilfenahme der Traumhypothese (s. u.) zu deuten!

Hinweise zur Interpretation:

Beim ersten, vielleicht nur flüchtigen Lesen muß die Geschichte Hildesheimers verwirren. Ein junger Mann, Adrian, macht sich auf den Weg zu einer Verabredung, verpaßt den in die Stadt fahrenden Zug, überwintert (im tatsächlichen Wortsinn) im Gasthof nahe dem Bahnhof, entschließt sich nach geraumer Zeit (es hat mittlerweile getaut, also ist das Frühjahr gekommen) plötzlich, der Einladung Folge zu leisten, schwingt sich auf sein Rad, erreicht die Stadt — und kommt pünktlich: ,,Das Essen wird soeben aufgetragen.“ (S. 114)

Das Paradoxe und Unverständliche der Geschichte wird allerdings dann sofort aufgehoben, wenn man einen großen Teil der Erzählung als TRAUM Adrians begreift, als einen Traum, in dem er endlich die ersehnte Ruhe (den Urlaub) vor der Wirklichkeit findet. Daß er dieser Wirklichkeit negativ gegenübersteht, wird bereits in der Eingangspassage deutlich: Adrian wacht am Morgen auf und sieht sich ,,ins Zwielicht der Wirklichkeit“ versetzt, eine ,,Flucht“ scheint ,,unmöglich“. (S. 110) Das Klingeln des Telefons und ein Klopfen an der Tür reißen ihn aus seinen Gedanken und stellen ihn zugleich vor ein Problem: ,,Was zuerst? Der Tag fing also schon mit einem Dilemma an (...)“ (S. 110).

Selbst die an sich doch unbedeutende Tatsache der Parallelität zweier Ereignisse (das Klopfen, das Telefon) bringen Adrian in Bedrängnis, konfrontieren ihn doppelt mit der Notwendigkeit, den banalen Aufgaben des Alltags nachzukommen. Und tatsächlich holt der Alltag ihn zunächst ein: er erhält telefonisch die Einladung Mariellas zu einer Feier und sagt freudig zu (Daß diese Zusage nicht seiner tatsächlichen Einstellung entspricht, wird erst später deutlich, als er einen Anruf Mariellas hinausschiebt mit dem Kommentar ,,... nur nicht gerade jetzt. Er wollte das *Wohlsein* nicht unterbrechen, diesen unerwarteten Urlaub“. S. 111). Die Bekanntschaft mit Mariella stellt für ihn ebenso eine Anforderung dar, wie das Buch, das er erhält und das er sogleich in die Tasche steckt. Das Buch ist nämlich die Verbindung zur Arbeitswelt (,,... und einem Paket, wahrscheinlich einem Buch zur Besprechung, ...“ (110) — Adrian scheint also Kritiker oder Lektor zu sein).

Genau die Grenze zwischen Traum und Wirklichkeit zu bestimmen, dies ist nicht ganz einfach. Vermuten läßt sich nur, daß Adrian den Beschluß, jetzt mit der Bahn in die Stadt aufzubrechen, nicht durchführt: ,,Dann ging er zum Schrank, um sich mit *Sorgfalt anzukleiden.*“ (S. 110) Diesen Vorsatz führt er aber offensichtlich schon nicht mehr aus, denn als er am Ende der Geschichte vor Mariella steht, sagt diese: ,,... Übrigens siehst du so aus, als wolltest du dich erst einmal waschen.“ (S. 114) Da er anscheinend sogar die Morgentoilette unterlassen hat, kann der Vorsatz, sich mit Sorgfalt anzuziehen, vielleicht verstanden werden als der Versuch, den Aufbruch (den Aufbruch in die Wirklichkeit) möglichst lange hinauszuziehen.

Bleiben wir bei dieser Hypothese, dann sind die Ereignisse auf den Seiten 111-114 (dritter Abschnitt als Übergang zwischen Traum und Realität) bereits nicht mehr Wirklichkeit, sondern schon Traum. Darauf deuten auch die geschilderten Unwahrscheinlichkeiten hin, die — faßt man sie als Ausschnitte der Realität auf — nur schwer zu verstehen wären. In diesem Traum — Fluchtmöglichkeit aus dem Alltag — tut Adrian das, was ihm in der Realität nicht möglich ist: er beherrscht die Zeit. Die Uhren sind stehengeblieben, Züge verkehren nicht mehr, Telefone, die ihn in die Wirklichkeit rufen könnten, gibt es nicht (so im Gasthof) oder gibt es nicht mehr (so die Telefonzelle des Bahnhofs, vergl. S. 112/113), die

Arbeit (verkörpert durch das Buch) wird einfach aus der Hand gelegt (vergl. S. 112). Selbst die Natur ist seinen Wünschen günstig gesonnen — der Winter verhindert, daß Züge verkehren. Er richtet sich also im Gasthof ein, dem Ort des Urlaubs. Die Entwicklung findet ihren Höhepunkt und gleichzeitigen Abschluß in der Entvölkerung des Dorfes (vergl. 113/114 oben). Adrian „packt Angst" (S. 114). Er kehrt in die Wirklichkeit zurück, allerdings macht ihm diese Rückkehr schwer zu schaffen: „Seine Kehle war ausgetrocknet, Schweiß lief ihm von den Schläfen. Wie ein *Nachtwandeler* fuhr er, ..." (S. 114) Zwar ist er aufgewacht, doch stemmt er sich (unbewußt?) gegen die Rückkehr in die Realität.

Teil C

Kleines Glossar literarischer Begriffe und Literaturhinweise

Kleines Glossar literarischer Begriffe

Dieses Glossar soll seinem Benutzer als *erste Orientierungshilfe* und Einführung in die Fachtermini dienen; auf Dauer kann es das Studium einschlägiger Lexika nicht ersetzen. Die vom Verfasser benutzte Fachliteratur ist im Anhang angegeben.

deiktische Zeitadverbien	:	sie verweisen von einem „jetzt"-Standpunkt auf Vergangenes, Gleichzeitiges oder Zukünftiges (— episches Präteritum) (Beispiel: *morgen* kam er aus dem Urlaub zurück, morgen würde sie ihn endlich wiedersehen)
Denotat	:	begrifflicher Kern eines Wortes (— Konnotat)
Epik	:	neben Dramtik und Lyrik eine der drei *Gattungen* (Grundformen) der Dichtung überhaupt; man unterscheidet Großformen (Roman, Epos) und Kleinformen (Novelle, Anekdote, Kurzgeschichte)
episches Präteritum	:	mit dem historischen Präteritum grammatikalisch identisch; typische Zeitform der Epik; das e. Pr. hebt die Vergangenheitsbedeutung des Präteritums auf durch die Verbindung mit den *deiktischen Zeitadverbien* und den *Verben der inneren Vorgänge;* das e. Pr. vermittelt fiktionale Gegenwärtigkeit, d.h. im Bewußtsein des Lesers erscheint das in der Vergangenheitsform erzählte Geschehen als gegenwärtig
erzählte Zeit/Erzählzeit	:	erzählte Zeit: Zeitspanne, in der das Erzählte sich ereignet; Erzählzeit: die Zeit, die benötigt wird, um das Erzählte zu erzählen; aus der Spannung zwischen Erzählzeit und erzählter Zeit ergeben sich *Raffungen* bzw. Dehnungen im Erzählfluß

Erzähler/Erzählsituation : es wird allgemein zwischen drei Erzählsituationen unterschieden:

a) auktoriale Erzählsituation: sie ist gekennzeichnet durch einen Erzähler, der sich in Kommentaren in das Geschehen einmischt; der auktiorale Erzähler ist eine selbständige Gestalt, die zwischen den Figuren (Charakteren) der Erzählung und der Welt des Lesers und des Autors steht

b) Ich-Erzählsituation: der Ich-Erzähler gehört direkt zu den Charakteren des Romans und hat das Erzählte miterlebt, beobachtet oder „aus erster Hand" erfahren

c) personale Erzählsituation: der personale Erzähler tritt völlig an den Rand des erzählten Geschehens; für den Leser entsteht so der Eindruck, er befände sich selbst am Schauplatz des Geschehens und erlebe das Erzählte unmittelbar

berichtende Erzählung : der Leser nimmt ein Ereignis aus zeitlicher und räumlicher Distanz wahr, in der sich der Erzähler vom Geschehen (vom Erzählten) zu befinden scheint (— szenische Darstellung)

Gattung : bezeichnet einerseits die Arten und Formen der Dichtung (z.B. Kurzgeschichte, bürgerliches Trauerspiel, Roman) und andererseits die Grundformen der Dichtung: Lyrik, Dramatik, *Epik*

Konnotat : emotionale und assoziative Nebenbedeutungen des begrifflichen Kerns; die Konnotationen sind zumeist für die Auswahl von Synonymen verantwortlich (z.B. Arbeiter/Proletarier/Arbeitnehmer) (— Denotat)

Organon-Modell : von dem Psychologen Karl Bühler 1934 entwickeltes Modell zur Beschreibung der drei Grundfunktionen der Sprache (organon = Werkzeug); nach Bühler kann man drei Hauptfunktionen der sprachlichen Zeichen unterscheiden, nämlich Symbolfunktion, die Appellfunktion und die Symptomfunktion (— Textsorten)

paradigmatische Beziehungen/Paradigmatik : Einheiten in einem Kontext, die sich untereinander ersetzen können, so daß ein neuer Text entsteht (z.B. *Paul* hustet laut/*Ernst* hustet laut) (— Syntagmatik)

Raffung/Raffungsarten : unterschreitet die *Erzählzeit* die *erzählte Zeit,* so geschieht dies vermittels der Zeitraffung; durch die Zeitraffung können ganze Zeiträume übersprungen werden (etwa: ... 10 Jahre später trafen sie sich ...); man kann zwischen sukzessiver Raffung (und dann . . . und dann) und iterativ-durativer Raffung (immer wieder . . .) (. . . die ganze Zeit hindurch . . .) unterscheiden; je nach Intensität wird die sukzessive Raffung in Sprungraffung oder Schrittraffung unterschieden;

Rahmenerzählung : die eigentliche Handlung ist in eine zweite, die Haupthandlung wie ein Rahmen umschließende Erzählung eingebettet

Redeform : direkte Rede: die Rede einer Person wird unverändert wiedergegeben (etwa im Dialog)

: indirekte Rede: Die Äußerungen der Charaktere werden nicht zitiert, sondern referiert (Konjunktiv in der im Nebensatz aufgeführten Rede)

: erlebte Rede: sie hat mit der direkten Rede den Indikativ als Modus und die Satzstellung gemeinsam; in der Verwendung der dritten Person besteht ihre Gemeinsamkeit mit der indirekten Rede

: Bewußtseinsstron/stream of consciousness: eine Technik der Darstellung der Gedanken und Gefühle der Figuren, wobei syntaktische Strukturen gesprengt werden können; an ihre Stelle treten Gedanken- und Satzbruchstücke, Reflexionsfetzen usw.

: innerer Monolog: Selbstgespräch einer der Figuren, das die vorher genannten Redeformen einschließen kann

Retrospektive : Rückblende; von der Ebene des gegenwärtigen Geschehens aus wird die Vorgeschichte des eigentlichen Erzählkerns geschildert oder werden Ereignisse im Leben einer der Figuren dargestellt; dies kann vermittels der Reflexion einer der Figuren geschehen (— Redeformen, — innerer Monolog)

syntagmatische Beziehungen/Syntagmatik : Beziehungen zwischen Einheiten eines Kontextes; die kombinatorischen Regularitäten auf linearer (vertikaler) Ebene des Satzes, Verknüpfungsregeln (— Pragmatik) (Paul + hustet + laut)

szenische Darstellung : erweckt den Eindruck der Unmittelbarkeit; das Geschehen wird als gegenwärtig empfunden; der Rezipient (Leser, Hörer) „erlebt“ das Geschehen gleichsam als Beobachter mit

Text : (engere Difinition) ein Text ist ein geschrieben vorliegendes (schriftlich fixiertes) Sprachgebilde; (weite Definition) ein T. (ein Code) ist die Grundeinheit akustischer, optisch-aktustischer und schriftlicher Kommunikation; ein Text wird durch eine (sinnvolle) Abfolge von Zeichen optischer, akustischer bzw. schriftlicher Art konstituiert; Aufgabe des Rezipienten ist es, den Text zu decodieren

Textkonstituenten : (sprachliche) Einheiten, in in Bezug zueinander gesetzt das Textganze ergeben

Textgruppen/Textsorten : die Textlinguistik unterscheidet fiktionale (ästhetische/literarische) von nicht-fiktionalen (referentiellen/expositorischen) Texten; somit existieren zwei Hauptgruppen von Texten (Textsorten): der nicht-fiktionale Text bildet eine bestimmte Situation referentiell ab (referentiell = auf die Wirklichkeit bezogen); die geschilderte Situation existiert unabhängig vom Geschrieben- bzw. Gelesen-Werden des Textes (Beispiel: ein Verkehrsunfall und der Zeitungsbericht darüber: der Unfall hat faktisch stattgefunden zu einer bestimmten Zeit an einem bestimmten Ort und an einem bestimmten Datum — und dies völlig unabhängig davon, ob ein Reporter über den Unfall berichtet und ob Leser/Hörer den Bericht zur Kenntnis nehmen). Der fiktionale Text dagegen schafft seine eigene Wirklichkeit, indem er Elemente der Realität zu einer neuen, durch die Phantasie des Autors und des Rezipienten entstehenden fiktiven Situation zusammensetzt: er fingiert Wirklichkeit.
Eine zweite Möglichkeit der Bestimmung von Textsorten lehnt sich an Karl Bühlers *Organon-Modell* an; Texte werden demnach danach eingeteilt, welche Funktion des sprachlichen Zeichens überwiegend zum Tragen kommt: Symbolfunktion, Appellfunktion, Symptomfunktion; so ergeben sich drei Textsorten: T., die überwiegend die innere Bewegtheit des Verfassers, seine Gefühle und Gedanken wiedergeben (Ausdrucksfunktion/Symptomfunktion überwiegt, etwa in der Lyrik); T., die überwiegend etwas bewirken wollen, an den Adressaten appellieren wollen (Appellfunktion/Signalfunktion überwiegt, etwa Aufruf zu einer Demonstration, Flugblatt); T., in denen überwiegend die Wirklichkeit beschrieben bzw. dargestellt wird (Symbolfunktion, etwa im Zeitungsbericht); es gibt zahlreiche Mischformen

Verben der inneren Vorgänge : Verben der inneren Vorgänge in der dritten Person geben den inneren Zustand der Protagonisten (Charaktere) wieder (z.B. sie fühlte . . ., er dachte . . ., sie hoffte . . .); sie sind zumeist ein sicheres Indiz für die Fiktionalität des Textes, denn nur der (allwissende) Autor eines fiktionalen Textes hat Einblick in die Gefühlswelt der von ihm geschaffenen Figuren

Literaturhinweise

1. Anthologien

Fritz *Pratz*/Hans *Thiel* (Hgb.), Neue deutsche Kurzgeschichte — Eine Anthologie für die Oberstufe, Frankfurt a. M., [5]1975 (Diesterweg)
Winfried *Ulrich* (Hgb.), Deutsche Kurzgeschichten 11.-13. Schuljahr, Stuttgart 1978 (Reclam)

2. Sekundärliteratur

M. H. *Abrams,* A Glossary of Literary Terms, New York 1971
Otto *Bantel,* Grundbegriffe der Literatur, Frankfurt a. M., [8]1970
Horst *Bienek,* Gespräche mit Schriftstellern, München 1962
Johann Dietrich *Bödeker,* Sprache der Anzeigenwerbung, Dortmund 1972
Nicolas *Born* / Jürgen *Manthey* (Hgb.), Literaturmagazin 7 — Nachkriegsliteratur, Reinbek bei Hamburg 1977
Josef *Jansen,* Einführung in literaturwissenschaftliche Arbeitstechniken und Methoden am Beispiel eines Bestsellers, Düsseldorf 1977
Diether *Krywalski* (Hgb.), Handlexikon zur Literaturwissenschaft (3 Bde), Reinbek bei Hamburg 1978
Jacob *Lehmann,* (Hgb.), Interpretationen moderner Kurzgeschichten, Frankfurt a. M. [11]1976
Theodor *Lewandowski,* Linguistisches Wörterbuch (3 Bde), Heidelberg 1975
Karl Markus *Michel,* Ein Kranz für die Literatur — Fünf Variationen über ein Thema in Kursbuch 15 (hgb. von Hans Magnus Enzenberger) Frankfurt a. M. 1968
Hans-Christoph Graf von *Nayhauss* (Hgb.), Theorie der Kurzgeschichte, Stuttgart 1977
Edgar *Neis,* Kurzprosa (Kurzgeschichte, Kalendergeschichte, Skizze, Anekdote) Dichtung in Theorie und Praxis, Band 456, Hollfeld 1981
Edgar *Neis,* Wie interpretiere ich Gedichte und Kurzgeschichten, Hollfeld/Ofr. [11]1980
Wolfgang *Salzmann,* Stundenblätter Kurzgeschichten für die Sekundarstufe I, Stuttgart 1978
Hermann *Schlüter,* Grundkurs der Rhetorik, München [4]1977
Karl-Heinz *Schönfelder* / Karl-Heinz *Wirzberger,* Literatur der USA im Überblick — Von den Anfängen bis zur Gegenwart, Frankfurt a. M. 1977
Franz K. *Stanzel,* Typische Formen des Romans, Göttingen [4]1966
R. Hinton *Thomas* / Keith *Bullivant,* Westdeutsche Literatur der sechziger Jahre, München 1975
Egon *Werlich,* Typologie der Texte, Heidelberg 1975
Gero von *Wilpert,* Sachwörterbuch der Literatur, Stuttgart [5]1969

BANGES INTERPRETATIONEN MOTIVGLEICHER GEDICHTE IN THEMENGRUPPEN mit vollständigen Gedichtstexten

BAND 1: **Der Mond in der deutschen Lyrik** von Edgar Neis
Arp — Bischoff — Borchert — Boretto — Britting — Brockes — Bürger — Claudius — Däubler — Droste-Hülshoff — Geibel — Gleim — Goethe — Härtling — Heine — Holz — Klopstock — Krähenbühl — Krolow — Lange — Lehmann — Leonhard — Lichtenstein — zur Linde — Maurer — Morgenstern — Rasche — Rühmkorf — v. Stolberg — Trakl — v. d. Vring — Werfel — Wiens.

BAND 2: **Politisch-soziale Zeitgedichte** von Edgar Neis
Arndt — Bachmann — Becher — Biermann — Brecht — Bürger — Celan — Chamisso — Dehmel — Domin — Enzensberger — Le Fort — Freiligrath — Gryphius — Hädecke — Hagelstange — Heine — Herwegh — Hutten — Kaschnitz — Keller — Kerr — Krolow — Kunert — Logau — Lersch — Marti — Platen — Sabais — Salis — Schenkendorf — Schiller — Schreiber — Schubart — Strittmatter — Tucholsky — W. v. d. Vogelweide — Weitbrecht — Wildenbruch.

BAND 3: **Der Krieg im deutschen Gedicht** von Edgar Neis
Bender — Benn — Biermann — Binding — Brambach — Brecht — Claudius — Dehmel — Eich — Flex — Le Fort — Fried — Gleim — Goethe — Hakel — Heise — Heym — Hölderlin — Höllerer — Huchel — Jahn — Jean Paul — Kaschnitz — Kästner — Körner — Leip — Lersch — Leonhard — Liliencron — Logau — Menzel — Mosen — Mühsam — Münchhausen — Neumann — Nick — W. Paul — Sachs — Schiller — Schnurre — Schumann — Stramm — Toller — Toussel — Trakl — Tumler — Vogel — Wiechert.

BAND 4: **Liebe im deutschen Gedicht** von Robert Hippe
Benn — Brecht — Eichendorff — George — Gleim — Goethe — Günther — Hesse — Hofmannsthal — Jacobi — Kästner — Krolow — Lasker-Schüler — Lenau — Liliencron — C. F. Meyer — H. v. Morungen — Mörike — Münchhausen — Opitz — Reinig — Rilke — Storm — Stramm — W. v. d. Vogelweide — Weckherlin.

BAND 5: **Der Tod im deutschen Gedicht** von Robert Hippe
Bächler — Benn — Brecht — Celan — Claudius — Droste-Hülshoff — Eich — Goethe — Gryphius — Hesse — Heym — Hofmannsthal — Hofmannswaldau — Höllerer — Kaltneker — Keller — Klopstock — C. F. Meyer — Mörike — Nick — Nietzsche — Novalis — Rilke — Schiller — Storm — Stramm — Trakl — Uhland.

BAND 6: **Die Jahreszeiten im deutschen Gedicht** von Robert Hippe
Benn — Britting — Claudius — George — Gerhardt — Goes — Goethe — Hagedorn — Heine — Hebbel — Hesse — Hofmannsthal — Hölderlin — Hölty — Huchel — Lenau — Logau — C. F. Meyer — Mörike — Rilke — Stadler — Storm — Trakl — Uhland — W. v. d. Vogelweide.

BAND 7: **Deutsche politische Gedichte** von Robert Hippe
Baumann — Becher — v. Below — Biermann — Brecht — Delius — Enzensberger — Fried — Fürnberg — Gomringer — Grass — Heine — Hoffmann v. Fallersleben — Holzapfel — Karsunke — Kunert — Morawietz — Pottier — Radin — v. Saar — Uve Schmidt — Schneckenburger — Schumann — Vesper — Wallraff — Weinheber — Wessel — Zimmering.

BAND 8: **Die Welt der Arbeit im deutschen Gedicht** von Edgar Neis
Barthel — Bartock — Billinger — Brambach — Bröger — Chamisso — Dehmel — Dortu — Engelke — Freiligrath — Griser — Heine — Herwegh — Jünger — Krille — Lersch — Lessen — Petzold — Pfau — Piontek — Rilke — Schreiber — Seidel — Weerth — Weinheber — Wieprecht — Winckler — Zech.

BAND 9: **Deutsche Tiergedichte** von Edgar Neis
Barth — Bergengruen — Billinger — Boretto — Brecht — Britting — Busch — Claes — Dauthenday — Dehmel — Domin — Droste-Hülshoff — Eggebrecht — Eich — Freiligrath — Gellert — Gleim — Goethe — Grillparzer — Groth — Härtling — Hagedorn — Haushofer — Hausmann — Hebbel — Heine — Hesse — Huchel — F. G. Jünger — W. Lehmann — Liliencron — A. G. Kästner — Keller — Kolmar — Krolow — C. F. Meyer — Morgenstern — Pfeffel — Piontek — Rilke — Ringelnatz — Eug. Roth — N. Sachs — Schaefer — Trakl — Vring — Weinheber — Wiedner — Zachariae — Zuckmayer.

BAND 10: **Städte und Landschaften im deutschen Gedicht** von Edgar Neis
Teil I: Borchert — Sidow — Guesmer — Rilke — Grass — Le Fort — Karsunke — Aue — Zeller — Heym — Loerke — Fontane — Eich — Bleisch — Körner — Hauptmann — Bobrowski — Stadler — Goll — Reinfrank — Kunze — Zech — Becker — v. Droste-Hülshoff — Busta — Heine — Altenbernd — Wiedner — Stoltze — Kaschnitz — Hannsmann — Bauer — Schnack — Hölderlin — Barthel — Mörike — Britting — George — Roth.

Teil II: Fontane — Heise — Kalkreuth — Zweig — Rilke — Reiner — Goll — Salus — Brecht — Bachmann — Lehmann — Wagner — Benn — Schneider — v. Platen — Huchel — Hesse — Krappen — Kaschnitz — Celan — Britting — Kasack — Krauss — Boretto.

BASISINTERPRETATIONEN

Christian Floto

Basisinterpretationen für den Literatur- und Deutschunterricht I

— Ausgewählte Stücke und Prosa von Shakespeare bis Ionesco —

Nach einer kurzen Skizzierung der Literaturepochen werden anhand häufig gelesener Stücke Basisinterpretationen gegeben. Sämtliche Beispiele entstanden im Unterricht der Sekundarstufen.
Folgende Stücke werden u.a. behandelt:
Shakespeare, Hamlet — Lessing, Nathan — Schiller, Wallenstein — Goethe, Iphigenie — Kleist, Marquise von O./Die Verlobung ... — Fontane, Effi Briest — Dostojewskij, Der Spieler — Hauptmann, Rose Bernd — Mann, Tonio Kröger — Döblin, Berlin Alexanderplatz — Kafka, Der Prozeß — Brecht, Sezuan-Kipphardt, Oppenheimer — Frisch, Homo Faber — Frisch, Biedermann u. Br. — Ionesco, Die Stühle.

Basisinterpretationen für den Literatur- und Deutschunterricht II

— Ausgewählte Stücke und Prosa ‚moderner' Autoren in der 1. Hälfte des 19. Jahrhunderts —

Literaturgeschichtlicher Abriß, Biographische Stationen,
Aufbauprinzipien von Novelle und Drama; Problemorientierte Bezüge zur modernen sozialpsychologischen Lebenssituation.
Folgende Stücke werden u.a. behandelt:
Büchner, Woyzeck — Grabbe, Scherz, Satire, Ironie — Kleist, Der zerbrochene Krug/Prinz von Homburg/Michael Kohlhaas/Erdbeben in Chili.

Bernd Matzkowski

Basisinterpretationen für den Literatur- und Deutschunterricht III

— Untersuchungen und didaktische Hinweise zum Volksbuch von Till Eulenspiegel. Hinweise auf den Schelmenroman —

Sachanalyse

1. Kurze Darstellung des Gegenstandes
2. Fachwissenschaftliche und interpretatorische Problematik und Aufarbeitung
3. Die Purifizierung des Volksbuches im Verlauf der Rezeption

Ausgewählte Historien — Inhalt und Anmerkungen

1. Historien mit der Betonung auf dem sozialkritischen Charakter
2. Historien mit der Betonung des Derben und Unflätigen

Exkurs: Motivquerverbindungen zu Schelmenromanen des 16. und 17. Jahrhunderts

1. Der frühe spanische Schelmenroman
2. Rabelais, Gargantua et Pantagruel
3. H.J.Ch. von Grimmelshausen, Simplicius Simplicissimus

Vorschläge für die Behandlung des Themas im Unterricht

1. Vorschlag für eine Unterrichtseinheit in der Sekundarstufe I
2. Vorschläge für die Behandlung der Eulenspiegel-Schwänke und der Schelmenromane in der Sekundarstufe II

GEBRAUCHSTEXTANALYSEN

— Methoden und Beispiele —

Herausgegeben von einem Arbeitskreis der Pädagogischen Akademie Zams.

Aus dem Inhalt:

- **I Warum Textuntersuchung? Begriffserklärungen.**
- **II Textanalyse — Textkritik**
  Vorgestellt werden nur drei Möglichkeiten einer Analyse — und zwar unter:
  a) Kommunikationstheoretischem Aspekt
  b) stilistischem Aspekt
  c) soziologischem Aspekt
- **III Gebrauchstexte verschiedener Art, die auf o.a. Aspekte hin untersucht, bzw. kritisiert wurden.**

Ordnung der Texte nach Themenkreisen:
Werbetexte — Ferienprospekte — Kinoprogramme — Diverse Jugendzeitschriften (Bravo u.a.) — Illustrierte und Frauenzeitschriften (Frau im Spiegel u.a.) — Schullesebücher — Geschichtsbücher — Tagesberichterstattung: Politische Beiträge/kulturelle Beiträge — Literarische Texte.